内蒙古
退耕还林工程建设
效益评价研究

谢明玉　国　政◎著

中国农业科学技术出版社

图书在版编目(CIP)数据

内蒙古退耕还林工程建设效益评价研究 / 谢明玉,
国政著. --北京:中国农业科学技术出版社,2025.5.
ISBN 978-7-5116-7364-0

Ⅰ. F326.272.6

中国国家版本馆 CIP 数据核字第 2025SP5909 号

责任编辑　张诗瑶
责任校对　马广洋
责任印制　姜义伟　王思文

出 版 者	中国农业科学技术出版社
	北京市中关村南大街 12 号　　邮编:100081
电　　话	(010)82106625(编辑室)　　(010)82106624(发行部)
	(010)82109709(读者服务部)
网　　址	https://castp.caas.cn
经 销 者	各地新华书店
印 刷 者	北京建宏印刷有限公司
开　　本	185 mm×260 mm　1/16
印　　张	9.75
字　　数	250 千字
版　　次	2025 年 5 月第 1 版　2025 年 5 月第 1 次印刷
定　　价	60.00 元

◀━━ 版权所有·翻印必究 ━━▶

前　　言

　　自 20 世纪 80 年代以来,随着中国经济的快速发展,环境与发展的矛盾日益突出,特别是 1998 年洪涝灾害后,中共中央、国务院审时度势,从社会经济可持续发展的战略高度出发,确定了实施退耕还林工程的重大决策。1999 年,退耕还林工程在四川、贵州等地开始试点,2000 年起全面实施退耕还林工程,工程区涉及全国 25 个省（自治区、直辖市）和新疆生产建设兵团,包括东北黑土区、西北黄土区、北部风沙区、青藏高原区、西南高山峡谷区和中南部山地丘陵区六大区域,工程面积达到 $2.94 \times 10^7 \ hm^2$,涉及 3 200 多万家农户、近 1.24 亿名农民,资金达到 3 262 亿元,以生态脆弱区为重点的生态保护网络基本形成,有效地遏制了生态环境继续恶化的局面。退耕还林工程实施 20 多年来,已取得良好的生态、经济和社会效益,得到了社会各界的高度赞誉。我国退耕还林一期工程于 2007 年已经完成,2015 年进入二期工程及退耕还林工程保护成果巩固阶段。为了科学、全面、系统地总结退耕还林工程建设效益,本研究以内蒙古自治区退耕还林工程为对象进行生态保护评估与生态补偿机制研究,旨在对内蒙古退耕还林工程建设的生态效果进行全面系统的科学评价,为完善退耕还林工程的决策和管理体系提供科学依据。

　　退耕还林工程是一项重大的林业工程,对退耕还林工程这种复杂的生态建设工程进行评价是一件非常艰难而具有挑战性的研究与探索工作。本研究运用生态学及经济学等相关理论,利用有关生态监测数据和国家林业统计年鉴、第七次森林资源清查的统计数据,采用综合分析、价值计量和层次分析等方法,对内蒙古自治区退耕还林工程的综合效益进行了初步的分析和评价。研究表明,内蒙古退耕还林工程对改善生态环境、维护国土生态安全发挥了重要保障作用,为经济社会可持续发展作出了重要贡献。本研究对已实施的退耕还林工程的科学评价以及未来的退耕还林工程的合理建设具有重要参考价值。

　　本书在编写过程中,依托的基金项目：江西省教育厅科技重点项目（2022）（GJJ2202502）,并得到豫章师范学院的资助。本书在数据资料的来源和生态因子的监测方面得到了内蒙古自治区浑善达克规模化林场的大力帮助。

著　者
2024 年 6 月 30 日

目 录

第 1 章　绪　论 ··· 1
　1.1　研究背景 ··· 1
　1.2　研究目的和意义 ··· 4
　1.3　研究内容 ··· 5
　1.4　研究方案 ··· 6
　1.5　研究方法 ··· 8
　1.6　可行性分析 ·· 10
　1.7　特色与创新 ·· 10
第 2 章　国内外研究综述 ·· 11
　2.1　国内外退耕还林工程的实践 ··· 11
　2.2　退耕还林工程的政策法规 ·· 13
　2.3　退耕还林工程研究热点 ··· 16
第 3 章　退耕还林工程评价指标体系与评价标准研究 ······································· 19
　3.1　退耕还林工程评价指标体系的研究 ·· 19
　3.2　退耕还林工程区生态因子观测方法 ·· 25
　3.3　退耕还林工程生态效益评价指标与评价计算方法 ·································· 31
第 4 章　内蒙古退耕还林工程建设成效分析 ··· 39
　4.1　内蒙古退耕还林工程实施的内容与措施 ·· 39
　4.2　内蒙古退耕还林工程建设成效以及对生态环境恢复的影响 ······················ 42
　4.3　内蒙古自治区土地利用/植被覆盖及其景观格局变化分析 ························ 43
　4.4　退耕还林工程区群落特征的研究 ··· 47
　4.5　退耕还林工程区土壤恢复特征的研究 ··· 55
　4.6　退耕还林工程区水文效应的研究 ··· 66
　4.7　小结 ·· 73
第 5 章　退耕还林工程生态效益评价 ·· 75
　5.1　内蒙古退耕还林工程生态效益评价指标与评价方法 ······························· 75
　5.2　内蒙古退耕还林工程区生态效益评价 ··· 88
　5.3　内蒙古自治区退耕还林生态效益评估结果 ··· 89
第 6 章　退耕还林工程经济效益和社会效益评价 ··· 92
　6.1　退耕还林工程的经济效益和社会效益评价方法 ····································· 92

6.2　退耕还林工程的经济效益和社会效益评价…………………………………92
第7章　退耕还林工程的综合效益层次分析研究……………………………………98
　　7.1　层次分析法（AHP）的数学模型…………………………………………98
　　7.2　层次分析法的基本步骤………………………………………………………99
　　7.3　退耕还林工程综合效益评价指标体系的构建……………………………101
　　7.4　小结…………………………………………………………………………112
第8章　内蒙古自治区退耕还林工程生态补偿机制研究……………………………113
　　8.1　退耕还林生态补偿机制研究背景…………………………………………113
　　8.2　国内外退耕还林生态补偿机制研究综述…………………………………114
　　8.3　退耕还林生态补偿理论与实践……………………………………………117
　　8.4　退耕还林工程生态补偿对生态因子的影响分析…………………………121
　　8.5　内蒙古自治区退耕还林生态补偿对策……………………………………129
第9章　实证分析——卓资县退耕还林工程生态效益评估…………………………133
　　9.1　卓资县基本概况……………………………………………………………133
　　9.2　卓资县退耕还林工程生态效益评价………………………………………135
　　9.3　卓资县退耕还林工程基本经验和做法……………………………………138
　　9.4　小结…………………………………………………………………………139
第10章　研究评述与展望……………………………………………………………140
　　10.1　研究结论……………………………………………………………………140
　　10.2　研究特色与创新成果………………………………………………………142
　　10.3　研究的不足…………………………………………………………………142
　　10.4　研究展望……………………………………………………………………143
主要参考文献……………………………………………………………………………144

第1章 绪 论

1.1 研究背景

生态问题已成为全球性问题，我国作为一个负责任的大国，积极倡导应对生态变化，不仅非常重视本国生态建设，实施了浩大的退耕还林等林业工程；而且积极参与倡导全球性生态建设。党的十九大明确提出，加快生态文明体制改革，建设美丽中国。从而把生态建设提到了非常重要的地位。实施退耕还林工程是减轻农村土地承载力、保护和改变生态系统的有效途径。我国从2000年起全面实施退耕还林工程，工程区涉及全国25个省（自治区、直辖市）和新疆生产建设兵团，包括东北黑土区、西北黄土区、北部风沙区、青藏高原区、西南高山峡谷区和中南部山地丘陵区六大区域，工程面积达到 2.94×10^7 hm^2，涉及3 200多万家农户、近1.24亿名农民，资金达到3 262亿元（郭慧 等，2014），以生态脆弱区为重点的生态保护网络基本形成，有效地遏制了生态继续恶化的局面。

内蒙古自治区退耕还林工程于2000年开始实施，截至2016年，完成退耕还林工程任务4 380.33万亩（1亩≈667 m^2，1 hm^2=15亩），涉及全区的12个盟市，98个旗县，635个乡镇（苏木），9 389个行政村，151万家农户，涉及退耕人口597万人，占全区农业人口的43.3%。退耕还林工程的实施，对于有效地减缓、防止、恢复已经退化了的林（草）生态系统，起到了非常重要的作用。第一，退耕还林工程与内蒙古的生态恢复密切相关，林草植被增加，直接改变了工程区的群落特征、土壤特征、水文特征等（Fu et al.，2017）。第二，不同类型工程区不同恢复阶段的林（草）植被生态因子与生态功能的动态变化规律是不同的，工程区植物多样性与生境关系、生长效果、水土保持、小气候、植被恢复等方面也发生了变化（Limcharoensuk et al.，2015；Kalhoro et al.，2017），主要表现在生态服务功能方面。第三，不同的恢复方式产生不同的恢复效果。比较人工恢复和自然恢复的生态恢复效果，选择合适的退耕还林工程生态恢复方式（Bourgeois et al.，2016；Rasmussen et al.，2016；Tsourgiannis et al.，2015），恢复健康的生态结构与功能（石建华 等，2015）是极其重要的。第四，退耕还林工程实施后，生态恢复驱动因素的作用强度不同，在生态恢复与工程实施方面产生不同的效果（Zhang et al.，2019；欧阳志云 等，2014）。因此，研究内蒙古退耕还林工程的生态恢复效果，进行生态恢复效果评价，这对于提高林业工程的科技含量，科学有效地保护和恢复林（草）生态系统、发挥生态系统服务功能，还将为国家制定林业工程的相关政策提供科学依据，具有重要的意义。

1.1.1 国内外研究现状

基于生态恢复效果的视角，国内外学者对此进行了大量的研究，热点问题主要集中在以下 4 个方面。

（1）生态恢复过程中植被、土壤特征、林地水文等生态因子的变化。退耕还林工程的实施，森林生态系统会逐步发生变化，主要包含三个方面：一是植被和林分的变化（Fu et al.，2016；Avirmed et al.，2014）。直接表现是植物群落的高度、盖度、丰富度、生物量，以及植物群落结构和组成的变化。研究表明，随着时间的增加，植物群落盖度、植株密度、物种丰富度和多样性指数、地上生物量和地下生物量在森林群落恢复过程中逐渐升高。二是土壤物理、化学和生物学特性的改变。Franzke（2014）和 Clewell 等（2013）研究认为，生态恢复能够有效改善土壤养分状况，减少土壤侵蚀，增加土壤有机质、全氮、全磷、全钾、速效氮、有效磷、有效钾等含量。三是林地水文、气象的变化。在生态恢复的不同阶段和过程中，随着森林覆盖率的增加和林地复合层冠的形成，改变水分循环和水量平衡各分量的数量变化和运动规律；森林生态系统的林冠层、枯枝落叶层和土壤层具有特殊的结构和功能，可以改变降水和径流的化学成分（Allen et al.，2018），也改变了小气候（Gou et al.，2018；Franzke，2014）。因此，探讨生态恢复过程中，退耕还林工程对植被恢复的影响及机制，对于揭示森林生态系统结构和功能具有极其重要的科学意义。

（2）人工恢复、自然恢复的恢复效果研究。20 世纪 80 年代恢复生态学的诞生标志着退化生态系统的恢复成为理论和实践的热点问题（Kepfer et al.，2013）。生态恢复方式一直存在两种观点，自然恢复与人工恢复哪种恢复方式能够实现更好的恢复效果？Aradottir（2013）从理论上探讨了不同恢复方式适用的条件，但学术界对此并无定量的分析和结论。本研究以退耕还林工程为研究对象，通过比较研究区植被和林分、土壤物理、化学和生物学特性、林地水文气象以及生态系统服务功能和生物多样性等动态变化，研究自然恢复与人工恢复的生态恢复效果，并就不同地域、不同气候条件、不同生态系统类型和不同恢复时间选择不同的恢复方式进行探讨。

（3）退耕还林工程生态恢复驱动因素的研究。生态恢复驱动因素对于当前退耕还林（草）工程的有效实施尤为重要。从现有研究来看，主要集中在内在驱动因素（生态因素）和外在驱动因素（经济因素、社会因素）对生态恢复的作用强度，体现在驱动因素对农户实施意愿与工程实施效果（Wei et al.，2020）两个方面的作用上。以土地利用和覆盖变化为基础，研究退耕还林（草）驱动力，驱动因素包括地形、土壤、水文、气象等生态因子（Jean et al.，2016）；秦聪等（2019）从经济增长的视角研究农户成本、收益、风险等生态恢复的驱动因素，王昌海（2017）、Xu 等（2017）通过对农户的生计成本的研究，分析退耕还林工程实施中的驱动力，有的学者从生态补偿效果（Sarkki et al.，2015；Sheng et al.，2019；皮泓漪 等，2018；Hao et al.，2018）、生态补偿的标准、绩效、方法（柳荻 等，2019）、生态扶贫（王丹 等，2018）等方面，分析生态恢复的驱动力，戴微著等（2018）以政府、企业与农户的社会视角为切入点，从政策、制度、机制等方面分析生态恢复的驱动因素与激励措施。

(4) 退耕还林工程建设成效对当地生态、经济与社会方面的影响。生态恢复实践的快速发展迫使我们思考怎样的恢复才是一个好的恢复,对当前已实施的生态恢复工程该如何进行评价?中国科学院研究团队在我国西南喀斯特区域生态恢复评估研究成果得到高度评价。研究者通过对 ISI Web of Knowledge 数据库中生态恢复相关文献的整合分析,采用数学统计的方法定量比较在不同条件下低度介入(自然恢复)、中度介入(环境干预)和高度介入(直接干预)3 种恢复方式对生态系统服务与生物多样性的恢复效果。退耕还林工程的实施对于生态恢复发挥了重要作用,改变了自然生态,为此,林业重点工程建设效益也成为研究热点。大多数研究主要集中在三个方面:一是对林业工程建设成效的研究(李敏 等,2016),二是对林业工程建设发挥的生态效益、经济效益和社会效益的评价(国政,2017),三是对林业工程评价指标体系和所发挥的生态服务功能的研究(杨殊桐 等,2018;Wunder,2015)。大多学者都是采用价值计量法、层次分析法,选择了一些评价指标,围绕工程所发挥的生态效益、经济效益、社会效益进行评价,从退耕还林工程、生态指标、经济指标、社会指标以及生态健康指标;森林资产和生态服务功能、经济价值和社会价值以及监测体系等各个方面进行了全方位的研究,研究工作趋于规范,2008 年中国林业科学研究院制定了森林生态服务功能评估规范,共包括 8 个类别 14 个评估指标。研究结果表明,林业工程在发挥生态效益方面得到了广泛认可,生态恢复效果是明显的,在发挥的社会效益、经济效益方面还存在争议。

综观上述研究,许多专家学者已经对生态工程的生态恢复效果与驱动因素做了许多的工作,但是对生态恢复过程中生态因子的变化规律,人工恢复与自然恢复对生态因子的影响、林业工程建设对生态恢复的影响、生态恢复的驱动因素等研究还不够深入,在生态工程建设评价的理论与方法方面还不够完善。为了更深入地研究生态恢复效果与生态恢复驱动因素,有效地指导内蒙古退耕还林工程建设,本项目以不同恢复阶段中的退耕还林工程为研究对象,采用野外调查和科学试验相结合的方法,探讨自然恢复与人工恢复的作用机理以及动态变化规律,筛选内蒙古典型退耕还林工程区最佳的生态恢复模式,分析退耕还林工程的生态恢复的驱动因素,评价内蒙古退耕还林工程区生态恢复效果,在这几方面进行更为详细的研究。这将为国家退耕还林工程的有效实施提供重要的科学依据,也为国家制定退耕还林工程的相关政策提供理论支撑。

1.1.2 研究中存在的问题

第一,退耕还林工程对内蒙古生态恢复的影响。尽管前一阶段大多专家的研究方法、结论已得到普遍认可,但是有必要深入研究在生态恢复过程中不同类型工程区不同年份的气象、水文、土壤及林(草)植被资源数据,建立林(草)植被生态效益评价的数量化指标体系,剖析能够揭示退耕还林工程区不同类型与年龄阶段林(草)植被生态恢复效果的关键指标,比较不同恢复阶段的林(草)植被生态因子与生态功能的动态变化规律,及时反映林业工程的建设成效及其在退耕还林工程建设中存在的问题,指导下一阶段的工程建设。

第二,自然恢复与人工恢复效果一直是生态学领域研究的热点问题,但是,对退耕还林的生态恢复方式、效果及其生态因子变化情况的比较研究,在以往的文献研究中很少涉及，通过对自然恢复与人工恢复的比较研究，采取合理的生态恢复方式，进行地域选择、立地因子选择、树种选择。揭示其生态恢复情况，更重要的是为下一步生态恢复提供理论佐证，很有必要。

第三，退耕还林工程的建设成效与生态恢复的驱动因素。在以往过去的研究中，集中进行了工程建设成效研究，生态恢复的综合效益评价、生态服务功能研究，生态健康的研究，而对生态恢复的驱动因素研究较少，生态恢复驱动因素集中表现在生态恢复的作用强度上。研究工程区生态恢复的驱动因素，对下一步指导生态工程建设具有极大的帮助。

1.2 研究目的和意义

1.2.1 研究目标

（1）揭示研究区在生态恢复过程中，水文、气象、土壤理化特征、林（草）植被等生态因子的变化规律，特别是群落结构特征，关键生态因子以及生物多样性和生产力的动态变化规律。

（2）比较不同恢复阶段的林（草）植被生态因子与生态功能的动态变化规律，阐明不同恢复方式（如人工与自然）的生态恢复效果，探讨自然恢复与人工恢复的作用机理以及对生物多样性、生产力、各生态因子的动态变化规律，提出最有效的生态恢复方式。

（3）分析退耕还林工程的建设成效，对内蒙古退耕还林工程生态恢复效果进行评价，评价生态恢复所产生的生态效益、经济效益和社会效益，并从生态、经济、社会的视角，增设对生态恢复相关的评价指标作为解释变量，分析生态恢复的驱动因素。

1.2.2 研究价值

在理论上，通过考究内蒙古退耕还林林业工程的建设成效并评价其所取得的生态效益、经济效益和社会效益，结合我国生态、经济与社会发展的实际，探讨解决经济社会发展与生态保护之间的矛盾以及退耕还林生态补偿中的利益多元化、标准多样化、区域差异化等问题，厘清生态补偿与生态保护二者间补偿目标、主体、对象、方式的协同关系，创新退耕还林生态补偿基础理论，分别从制度与实践层面解决退耕还林生态补偿现存问题，构建并完善我国退耕还林生态补偿机制，其研究结果为我国生态工程建设与生态补偿提供理论支撑。

在实际应用价值中，通过对内蒙古退耕还林工程建设成效评价和生态补偿机制的研究，拓宽和提高生态补偿来源、途径和金额，建立公平、合理、正确的生态补偿计算方法，探索解决退耕还林工程中的生态补偿问题，提出具有可行性的生态补偿对策，实现生态保护与经济社会的全面发展。

1.2.3 研究的关键问题

(1) 确定影响生态恢复过程中发挥重要作用的关键生态因子，剖析能够揭示退耕还林工程区不同类型与年龄阶段林（草）植被生态恢复效果的关键指标，揭示研究区不同恢复阶段生态因子的影响力，从而确定评价指标及其权重，建立评价指标体系。

(2) 明晰自然恢复与人工恢复过程中，不同恢复阶段的林（草）植被生态因子与生态功能的动态变化规律及生态因子所发挥的作用机制。

1.3 研究内容

本项目以内蒙古典型的退耕还林工程区为研究对象，对内蒙古 2000—2021 年实施的退耕地还林、荒山荒地造林、封山（沙）育林的退耕还林工程生态恢复效果进行评价研究，拟开展以下几方面的研究工作。

(1) 内蒙古退耕还林工程区生态因子动态变化规律研究。基础数据来源主要有三个方面：一是收集不同类型工程区不同年份（2000—2019 年）的气象、水文、土壤及林（草）植被资源和遥感数据；二是利用前期研究已有的监测数据；三是通过自己选择典型站点测定的主要生态因子与生态系统功能参数。

生态因子动态变化规律的研究主要包括五个方面：一是环境条件调查。对样点的环境条件调查项目主要包括地貌类型、地势、坡度、坡向、配置模式等。二是植被组成特征变化规律。野外植被调查项目主要包括物种数量、植被盖度、高度、密度、频度等。三是生物量变化规律。主要对乔木层、灌木层、草本层的地上、地下生物量进行调查、测定。四是土壤理化性质变化。标准试验地土壤调查包括土壤剖面调查、土壤理化性质测定。五是林地水文气象变化规律。对试验地的森林水文分析项目有冠层截留、枯落物容水量、土壤渗透性等。通过调查数据，分析比较不同恢复阶段的林（草）植被生态因子与生态功能的动态变化规律。

(2) 生态恢复模式比较研究。在野外定点观察和科学试验的基础上，对自然恢复和人工恢复过程中，比较在不同条件下低度介入（自然恢复）、中度介入（环境干预）和高度介入（直接干预）3 种恢复方式对生态系统服务与生物多样性的恢复效果，以及其生态因子的变化规律和作用机制及其影响效果。揭示内蒙古退耕还林工程区生态恢复过程中生物多样性和生产力的调节作用和作用机制，阐明不同恢复方式（如人工与自然）的生态恢复效果，筛选内蒙古典型退耕还林工程区最佳的生态恢复模式。

(3) 生态恢复效果评价研究。为了客观地反映生态恢复效果和林业工程的建设成效，应用生态学原理，结合生物学、环境科学、经济学的特点，建立林（草）植被生态效益评价的数量化指标体系，剖析能够揭示退耕还林工程区不同类型与年龄阶段林（草）植被生态恢复效果的关键指标，分析工程区植物多样性及其与生境关系、生长效果影响分析、水土保持效果、小气候效果、植被恢复效果等的关系。在退耕还林工程所发挥的生态效益方面主要从涵养水源、保育土壤、固碳释氧、积累营养物质、净化大气环境、森林防护、生物多样性、森林的景观游憩等方面进行评价。在生态恢复驱动因素研究方面，通过采取文献收集、社会调查，统计数据等方法，从生态、经济、社会几个方面增设一些与退耕还林工程密切相关的指标，作为核心解释变量、主要控制变量来进行回归分析，揭示生态恢复的驱动力，反映退耕还林工程建设的生态恢复效果。

本研究在采用回归分析法、主成分分析法对林业工程的综合效益评价时，又采用价值计量法进行评价，生态恢复效果有价值量的把握。这对于不同的评价目的、不同的评价空间尺度，它们又是互相促进和补充的，揭示退耕还林工程的生态恢复效果，因而更具有现实意义。在此基础上，针对内蒙古退耕还林工程中存在的问题进行讨论分析，根据对内蒙古退耕还林工程区生态恢复评价结果及驱动因素，提出相应的生态恢复政策与改进建议。

1.4 研究方案

本研究方案主要包括以下两个方面。

第一，基础工作。调查不同类型工程区不同恢复阶段的气象、水文、土壤及林（草）植被资源数据，选择典型站点测定主要生态因子与生态系统功能参数，包括植被（物种数量、植被盖度、高度、密度、频度等）与生物量（乔木层、灌木层、草本层和枯枝落叶层）的群落特征，以及生物多样性和生产力的动态变化规律；综合分析在与植物群落相对应的样地内，进行不同恢复阶段的土壤理化性质（物理性质包括土壤容重与含水量、土壤孔隙度、土壤渗透性；化学性质包括土壤有机质、全氮、全磷、全钾、速效氮、有效磷、速效钾）测定。分析土壤性质变化与生物多样性、植物生产力的关系；综合分析所设典型站点内不同阶段的林地的水文和气象数据，包括冠层截留、枯落物容水量、土壤渗透性及温度、湿度等，分析退耕还林工程不同阶段的恢复效果。

第二，根据上述生态因子，和退耕还林密切相关的经济、社会因素，建立林（草）植被生态恢复效果评价的指标体系，剖析能够揭示退耕还林工程区不同类型与年龄阶段林（草）植被生态恢复效果的关键指标，比较不同恢复阶段的林（草）植被生态因子与生态功能的动态变化规律，阐明不同恢复方式（如人工与自然）的生态效果，筛选内蒙古典型退耕还林工程区最佳的生态恢复模式，根据各评价指标对内蒙古退耕还林工程生态恢复的作用强度，对内蒙古退耕还林工程区生态恢复效果进行评价。本研究的总体思路和技术路线如图1-1所示。

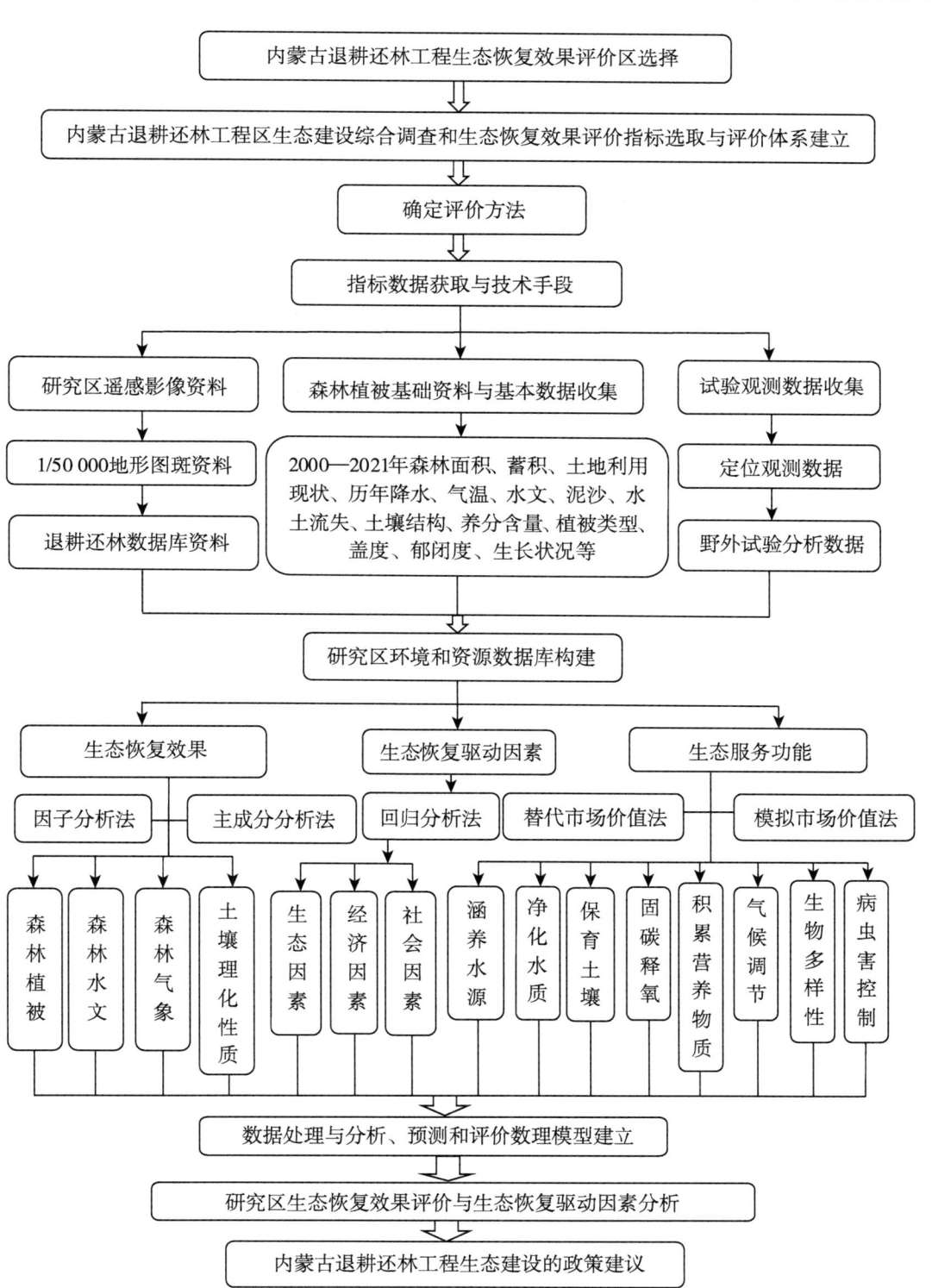

图 1-1 技术路线

1.5 研究方法

1.5.1 研究地点

本研究位于有前期研究基础的内蒙古典型的退耕还林工程区内（典型研究区域：呼和浩特市和林县、包头市达茂旗、呼伦贝尔市阿荣旗、兴安盟科右中旗、通辽市奈曼旗、赤峰市敖汉旗、乌兰察布市卓资县、锡林郭勒盟多伦县、巴彦淖尔市乌拉特前旗、鄂尔多斯市乌审旗、乌海市、阿拉善盟阿左旗）进行，其地理坐标为37°24′~53°23′N、97°12′~126°04′E。海拔均在1 000 m以上。该地区属于中温带季风气候，具有降水量少而不均、寒暑变化剧烈的气候特点。土壤分布错综复杂，种类繁多。植被类型以草原、荒漠草原和草原化荒漠为主。在森林资源的分布上，树种为云杉、侧柏、小叶榆、白桦、山杨、河柳、山板榆、蒙古栎、山槐等；人工乔木林树种以杨、柳、榆、槐、油松、樟子松、华北落叶松、沙枣、杏树、乌柳等为主。

1.5.2 数据处理与分析

本研究采用国内外大多数专家学者所采用的生态效益评价方法，大部分数据是通过收集和利用已有的监测数据（2000—2019年），部分数据通过前期设立的站点自己测定（2020—2022年）。

1.5.2.1 野外试验方法

（1）野外调查。在内蒙古退耕还林工程区选取12个典型站点进行研究，同时也选择工程区外的站点进行对照分析。站点的选择要结合前期研究资料、实地调查和资料记载，尽可能选取工程一样、植物组成和土壤类型一致的样地，退耕还林区每个样地随机布置15对样方，每对样方间距≥10 m，乔木20 m×20 m，灌木5 m×5 m，草本植物1 m×1 m。共设置80个样方（退耕还林区60个，工程区外20个）。

（2）取样方法和测定指标。每年8月初测定一次，首先对样点的环境条件主要包括地貌类型、地势、坡度、坡向、配置模式等项目调查。

植被组成特征调查：在每个样方内测定野外植被主要包括物种种类、数量、植被盖度、高度、密度、频度等调查项目。取样时，避开永久样方和上年已取样的地方，选取新样方（样方内的物种数占总物种数的80%以上），并将所测对象带回实验室进行测量。盖度采用植物垂直投影估算法，即每种植物垂直投影面积占1 m×1 m样方的百分比，最后根据各物种盖度计算不同功能群植物与群落的总盖度；植被高度根据需要直接测量每个层片的高度或每个种的高度；密度即目测计算样方中出现的每种植物个体的数量；频度采用方框计算法，即首先将1 m×1 m的样方框平均划分成100个小格，然后记录植物出现的格子数。再计算群落内物种多样性指数。

生物量测定：主要进行乔木层生物量测定、灌木层生物量测定、草本层生物量测定、和枯枝落叶层现存量测定。乔木层、灌木层、草本层生物量测定时要分别进行地上、地下生物量调查（测定方法略）。

土壤分析：植物取样完成后，在样方内进行土壤调查，包括土壤剖面调查、土壤理化性质测定。每个标准样地挖取三个剖面，其中一个为典型观察剖面、另外两个分别为检查剖面和定界剖面。剖面挖取一般长 1.5~2.0 m，宽为 0.8~1.0 m。在与植物群落相对应的样地内，对其土壤理化性质进行测定，测定深度 0~60 cm，分别为 [0, 20) cm、[20, 40] cm、(40, 60] cm 三个层次取混合土样，每个层次取三个重复，取好样后带回实验室进行土壤物理和化学性质分析。

水文测定：对试验地的水文分析项目有冠层截留、枯落物容水量、土壤渗透性等。

灌层截留：用"简易吸水法"分别测定乔木层、灌木层和草本层的最大截留量。

枯枝落叶层容水量：在标准样地内设置具有代表性的样方 5 个，面积为 1 m×1 m，测量枯落物的厚度，然后收集枯落物称重，计算单位林地面积枯落物现存量，并取一定重量的样品带回，通过浸泡、称重、烘干测定其含水率和饱和吸水率。

土壤渗透性测定：采用改进的环刀法，环刀内径 10 cm，总高度 12 cm。测定时先用环刀取土壤表层原状土，取土高度为 10 cm，取样后带回在室内连同环刀浸入水中 10 h。浸水时保持水面稍低于环刀表面。以免水分漫灌堵塞土壤毛孔，影响测定结果。为便于比较，最后将测定的稳定入渗速率换算成 10℃时的稳定入渗系数，重复三次取平均值。

林业工程对温度的影响：以林业工程区（2000—2021 年）上的植被分布、土地利用变化的时空特征以及气象统计数据等进行真实调查并绘图分析。

1.5.2.2 分析研究方法

（1）调查研究法。通过对内蒙古退耕还林工程区生态恢复的现状、驱动因素及存在问题及对策措施，进行社会调查、经济调查、统计分析等多条途径获取研究资料，以保证研究结果的可靠性，对内蒙古退耕还林工程建设成效及存在的问题进行调查研究。

（2）科学试验法。进行生态因子的定点测试、遥感解译和野外观察，通过对 2021—2023 年生态因子的变化规律及作用机制及其影响效果分析研究，比较人工恢复与自然恢复的生态恢复效果。

（3）回归分析法。通过对内蒙古退耕还林工程区生态恢复过程中发生作用的关键因子作为解释变量进行分析，并通过建立 probit 和 logit 回归模型，分析核心解释变量和主要控制变量，剖析能够揭示退耕还林工程区不同类型与年龄阶段林（草）植被生态恢复效果的关键指标及其作用强度，明确不同恢复阶段不同恢复类型的驱动因子。

（4）主成分分析法。以 2000—2020 年内蒙古退耕还林工程区的林（草）生态系统为研究对象，建立了包括生态恢复效果评价指标体系和生态恢复驱动因素指标体系，运用主成分分析法对内蒙古退耕还林工程生态恢复效果进行综合评分，根据评价结果对内蒙古退耕还林工程生态恢复效果与驱动因素进行分析，提出退耕还林工程建设的政策建议。

（5）计量分析法。运用计量经济模型和经济学图解的方法，通过采用实际市场评估法、替代市场评估技术法、模拟市场评估技术法、价值能值法、效益换算法等方法，对内蒙古退耕还林工程区生态恢复产生的生态效益进行价值计量，全面客观地评价内蒙古退耕还林工程建设成效。

1.6 可行性分析

从实践价值和理论价值来看，本项目是可行的。生态系统退化已经严重威胁到人类的生存和社会经济的可持续发展，退耕还林工程就是有效地遏制生态系统的退化、保护和恢复生态系统的重大工程，本项目对内蒙古退耕还林工程区生态恢复效果评价与驱动因素研究，这对于提高林业工程的科技含量，科学有效地保护和恢复林（草）生态系统、发挥生态系统服务功能，还将为国家制定林业工程的相关政策提供科学依据，具有极其重要的理论意义和现实意义。所以，从实践需求和理论价值来看，本项目是切实可行的。

从研究方案和学术思路来看，本项目是可行的。本项目以内蒙古退耕还林工程区为研究对象，采用野外调查、科学试验相结合的方法，在内蒙古 12 个盟市设立了典型的研究区域，并结合前期原国家林业局林业行业科研专项"退耕还林等林业工程生态效益评价研究"项目的研究基础，以及"前期研究所设立的样点、已有的监测数据和实验平台"，这些工作对本项目的顺利开展有所帮助。其研究思路是通过收集和监测生态数据、调查研究所得的有关生态、经济、社会数据资料，分析阐明林业工程区实施过程中的生态因子动态变化规律，比较不同恢复阶段的林（草）植被生态因子与生态功能的动态变化规律，最后对内蒙古退耕还林工程区生态恢复效果进行评价，并揭示退耕还林工程生态恢复效果与驱动因素。本项目研究方案设计是合理的，技术路线是切实可行的、学术思路也是条理清晰的。

1.7 特色与创新

（1）本项目在对退耕还林生态恢复的研究中，对自然恢复和人工恢复进行了比较研究。在退化生态系统的恢复治理过程中，分别从采用内生性措施和外加性措施两个方面进行比较，采用内生性措施即从退化机理上去寻求解决问题的根本途径，减轻施加在土地上的生态压力，如禁伐退耕休牧等；采用外加性措施，即从外部症状上来抑制退化过程，如植树种草等，并对两种措施的作用效果进行比较，阐明不同恢复方式（如人工与自然）的生态效果，筛选内蒙古典型退耕还林工程区最佳的生态恢复模式，提出更为切实可行的生态恢复措施。

（2）本项目在进行内蒙古退耕还林工程生态恢复效果评价研究时，结合了生态系统恢复驱动因素研究，使内蒙古退耕还林工程生态恢复效果评价与驱动因素的研究更加全面、深入。这对于科学合理地指导退耕还林工程的建设成效、提高退耕还林工程的科技含量，将为国家退耕还林工程的有效实施提供重要的科学依据。

第 2 章 国内外研究综述

2.1 国内外退耕还林工程的实践

退耕还林工程是一项涉及"国家与个人利益""子孙后代利益"的生态保护工程,其政策实施所产的生态效益、经济效益和社会效益以及工程本身的建设成效已成为全社会广为关注的问题。到目前为止,世界各国进行的退耕还林工程均改善了生态环境,促进社会经济的发展。

2.1.1 国外退耕还林工程的实践

面对环境资源不断恶化的问题,世界各国都在积极探索环境资源保护与社会经济协调发展的实践活动。

美国"罗斯福工程"。20 世纪 30 年代,美国发生了一场罕见的特大风暴,持续刮了 3 d。这场风暴席卷美国 2/3 的大陆,绵延 2 800 km²,约 6 000 万 hm² 耕地受到危害。究其成因,天然牧场过度开垦,中西部大草原遭到破坏,耕地由 6 477 hm² 扩张到 1.56 亿 hm²,建立了大批农场,粮食生产得到满足,但是大面积森林遭到严重破坏,资料显示,纽约州的森林覆盖率 18 世纪后期为 50%,到 19 世纪初期不到 20%。导致水土流失、土壤贫瘠,自然灾害频繁发生,随之而来,出现了经济的严重衰退。美国总统罗斯福为了治理日渐恶化的生态环境,于 20 世纪 30 年代下令制定专门的防护林营造计划,该计划即"罗斯福工程",于 1934 年 7 月 11 日由国会讨论通过,该规划投资 7 500 万美元营造防护林。到 1942 年该工程 8 年植树 2.17 亿株,营造防护林带总长达 28 962 km,有 3 万多个农场(庄)162 万 hm² 的农田受到保护。纽约州也制定了《休依特法案》,按照这一法案,当时政府购买了 40 余万公顷耕地,进行退耕还林。《休依特法案》的实施,把大片耕种的山地尤其是陡坡耕地变成了森林。随着森林面积的增加,从根本上恢复了生态平衡。

美国政府分三个阶段实施退耕还林计划。第一阶段是在 20 世纪 50—60 年代。美国政府开始推行一种自愿退耕计划,即引导农场主把一部分耕地退出生产用于土壤保护。第一个土地退耕计划是 1956 年农业法规定的土壤银行计划,即鼓励农场主短期或长期退耕一部分土地,"存入"土壤银行,银行付给一定的补助,对按照计划退耕的农场主给予农产品价格补贴。第二阶段是在 1961—1965 年。1961 年又制定了紧急饲料谷物计划,为减少饲料谷物的库存和产量,要求农场主在停耕至少 20%耕地的情况下,才能从政府取得停耕土地正常产量 50%的现金或实物补助,如果停耕土地超过 20%,政府可以把补偿的比例提高到60%。1965年又实施了有偿转耕计划，即要求政府计划的参加者以无偿停耕一定比例的土地为条件，换取计划的各种好处，同时要求农场主停耕额外的一部分耕地，政府付给一定的补贴。第三阶段是在1985年。1985年美国政府制定实施了"保护性储备计划"（CRP计划）的土地政策，旨在通过压缩耕地面积，控制粮食生产和发展林业及改善生态环境。凡是参加该计划并同政府签订为期10年合同的农场主或土地经营者，必须停止在规定土地上进行商业耕作，对易发生土壤侵蚀的耕地实行为期10年的休耕和永久性退耕还林（草），同时可以从政府那里获取补贴，其数额相当于全部地租及土壤保护性措施成本的一半。美国的CPR计划与我国的退耕还林（草）政策十分相似，都是以经济补偿的方式激励经济主体减少或退出某项生产，降低目标部门的产品质量，同时换取生态环境效益。到1990年，美国农业部对4 777万 hm^2 的耕地，全部实行了退耕还林（草）及休耕。

欧洲退耕还林。欧洲各国为了解决农业现代化生产带来粮食等农产品过剩问题，停耕压缩粮食生产受到政府高额补贴和政策的鼓励。1956—1983年欧共体国家农业用地减少了1 100万 hm^2，占耕地总面积的8%，2000年欧盟国家已有1 200万~1 600万 hm^2 的农地退耕还林，森林覆盖率则增加了15%。法国"林业生态工程"。从1965年起，法国就退耕还林达200万~300万 hm^2，同时，法国开始大规模兴建海岸防风固沙林、荒地造林、山地恢复等五大林业生态工程，这项工程促进了法国林业发展。在英国，凡愿意长期退耕还林的，可签订农林协议书，政府据此付给农民每年125英镑/hm^2 以下的补偿金，为期30年。据估计，2000年英国有300万~400万 hm^2 农田无人耕种。德国政府允许农民自主选择在耕地上造林，但政府要调查造林地的地理、环境、立地、交通等条件，确定其应该承担一种或几种效益。同时，通过协议等方式确定农民的责任和义务，政府也给予一定的经济补偿，以此保证社会、经济和生态效益的一体化。

苏联"斯大林改造大自然计划"。苏联的南部草原区在19世纪初随着开垦面积的急剧扩大，土地植被迅速减少，生态环境恶化，农业灾害频繁发生。为了有效地遏止这种不断恶化的局面，1948年10月20日，苏联作出了"苏联欧洲部分地带部分草原和森林草原地区营造农田防护林，实行草田轮作，修建池塘水库，确保农业稳产高产计划"的决议，即"斯大林改造大自然计划"。该计划在15年间（1949—1965年）营造防护林570万 hm^2，营造8条总长5 320 km（总面积7万 hm^2）的大型国家防护林带，在欧洲的东南部，营造了40万 hm^2 的橡树用材林。

印度"社会林业计划"。印度政府于1973年8月提出了"社会林业计划"，截至1980年底，印度造林面积达143万 hm^2，占人工林总面积的45%；到1995年底，印度实施"社会林业计划"的已有17个邦（全国共26个邦），保护森林面积达到5 600万 hm^2，占全国森林总面积的87.5%，而且，林业已经成为印度社会发展和农民生活的主要来源。

加拿大"绿色计划"。加拿大在20世纪70年代初将全国划分为39个自然区域，在每个自然区域内都建立国家公园。1990年加拿大又提出了持续经营森林的战略举措，开展大规模的植树造林活动。该项计划把加拿大16%的国土开辟成国家公园，取得了巨大的综合效益。据测算，加拿大国家公园产生的经济价值每公顷土地高达2 082加元，相当于同等面积小麦价值（735加元）的近3倍。

此外，还有北非五国的"绿色坝工程"，日本的"治山计划"、韩国的"治山绿化计划"、尼泊尔的"喜马拉雅山南麓高原生态恢复工程"和菲律宾的"全国植树造林计划"等。

2.1.2 中国退耕还林工程的实践

我国早在1949年4月，晋西北行政公署发布的《保护与发展林木林业暂行条例（草案）》就明确规定已经开垦而又荒芜了的耕地应该还林。自20世纪70年代我国开始积极探索退耕还林（草）。按照退耕还林在造林方式上的实践变化，可以划分为三个阶段。

第一阶段（20世纪70—80年代）。为营造商品林为主的退耕还林（草）时期。这一时期的退耕还林（草）有几个特点。一是退耕还林区域基本为高山地区，大面积水土流失严重的中低山区基本未退耕，退耕还林对抑制水土流失效果并不明显，生态效果也不显著；二是造林方式，多从木材的经济效益出发，基本上是营造以用材林为主的人工纯林，在生物保护性方面效果不理想；三是由于受到经济利益的驱动，有的退耕还林地块被划为"自留山""管理山"后，成片采伐林木的现象比较严重，使其重新变成荒山荒坡，或是被开垦地种植农作物和烤烟等经济作物，退后又返耕。

第二阶段（20世纪80年代至90年代末）。为营造经济林为主的退耕还林（草）时期。这时期国家加大了对贫困地区的投入，把扶贫开发与生态环境建设结合起来，探索出一条新路子。这一时期的退耕还林特点：一是仍然以经济效益为主体决定退耕还林（草），而且多为农民个人决策行为，受市场影响较大，退耕不稳；二是由于退耕还林（草）营造的是经济林，由于每年对其翻土除草等，退耕还林的水土保持作用差；三是一些退耕还林（草）实行林粮间作，即在经济林下种植农作物，其水土保持等生态功能也没有明显改善。

第三阶段（20世纪90年代末起）。为营造生态经济林为主的退耕还林新阶段。1998年特大洪水之后，中共中央、国务院把"封山植树，退耕还林"作为灾后重建的主要措施之一。1998年11月7日印发的全国生态环境规划中，提出我国到2010年，大约用12年的时间，退耕还林3 333万 hm^2，1999年国务院又提出"退耕还林（草）、封山绿化、个体承包、以粮代赈"的政策措施。这一时期退耕还林工程的实施，使生态环境得到改善，水土流失和风沙危害减轻，输入江河的泥沙量也减少，同时，农民收入也有所增加，农村产业结构也有所调整，一些地区走上了"粮下川、林（草）上山，羊进圈"的良性发展轨道。退耕还林工程的实施，产生了良好的经济、生态和社会效益：一是工程区森林资源稳定增长；二是水土流失面积减少，沙化土地治理见成效；三是退耕还林工程给农民带来了实惠。

2.2 退耕还林工程的政策法规

我国对生态保护历来都十分重视，先后出台了许多相关的法律与法规，如《中华人民共和国森林法》《中华人民共和国水土保持法》《中华人民共和国防沙治沙法》《中华人民共和国水污染防治法》《退耕还林条例》等，并建立了生态保护和生态补偿机制，对建立生态补偿机制提出了要求。生态补偿是生态保护机制建设的重要内容。中央及地方政府对建立生态补偿机制也提出了明确要求,并将其作为加强我国环境保护的重要内容。国家有关部委也部署了开展生态补偿机制探索与试点工作。各省份也结合各自的生态保护要求,积极开展生态补偿机制的探索与实践(表2-1)。

表2-1 国家相关部门颁布实施的有关生态补偿法规政策

颁布年份	政策法规或文件	核心内容
1949年	《保护与发展林木林业暂行条例(草案)》	已开垦而又荒芜了的林地应该还林
2000年	《关于进一步做好退耕还林还草试点工作的若干意见》(国发〔2000〕24号)	退耕还林(草)、封山绿化、个体承包、以粮代赈
2002年	《关于进一步完善退耕还林政策措施的若干意见》	在全国全面实施退耕还林工程
2002年	《退耕还林条例》	退耕还林工作真正纳入法制化轨道
2005年	《关于切实搞好"五个结合"进一步巩固退耕还林成果的通知》(国办发〔2005〕25号)	生态环境得到改善,水土流失和风沙危害减轻,输入江河的泥沙量也减少,农民收入有所增加,农村产业结构也有所调整
2005年	《关于制定国民经济和社会发展第十一个五年规划的建议》	首次提出按照谁开发谁保护、谁受益谁补偿的原则,建立生态补偿机制
2005年	《进一步完善生态补偿机制的若干意见》	对水资源、湿地和森林等多个领域生态补偿机制的建立提出了要求
2005年	《国务院关于落实科学发展观加强环境保护的决定》	要求完善生态补偿政策,尽快建立生态补偿机制;国家和地方可分别开展生态补偿试点
2007年	《关于开展生态补偿试点工作的指导意见》	建立自然保护区、重要生态功能区、矿产资源开发和流域水环境等领域生态补偿标准体系,探索多样化的生态补偿方法及模式
2007年	《国务院关于完善退耕还林政策的通知》(国发〔2007〕25号)	巩固退耕还林的成果,保护农民的利益
2009年	《国家重点生态功能区转移支付(试点)办法》	通过空间管控规划,为建立生态补偿机制提供空间布局框架和制度基础
2010年	《中华人民共和国水土保持法》(修订)	推进水土保持生态效益补偿,并将之纳入国家建立的生态效益补偿制度
2011年	《"十二五"规划纲要》	研究设立国家生态补偿专项资金,加快制定实施生态补偿条例
2012年	党的十八大报告	建立反映市场供求和资源稀缺程度、体现生态价值和代际补偿的资源有偿使用制度和生态补偿制度
2013年	《国务院关于生态补偿机制建设工作情况的报告》	开展多元化补偿方式探索和试点,探索市场化补偿模式
2015年	《水污染防治行动计划》	积极探索横向资金补助、对口援助、产业转移等方式,开展补偿试点

续表

颁布年份	政策法规或文件	核心内容
2015 年	《生态文明体制改革总体方案》	探索建立多元化补偿机制,在长江流域水环境敏感地区探索开展流域生态补偿试点
2016 年	《国务院办公厅关于健全生态保护补偿机制的意见》	"重要河流敏感河段""大江大河重要蓄滞洪区以及具有重要饮用水源或重要生态功能的湖泊"全面开展生态保护补偿
2017 年	《建立国家公园体制总体方案》	建立生态综合补偿制度,鼓励受益区域与国家公园所在区域的横向转移支付补偿和市场化补偿;健全生态保护效益评估,完善生态保护补偿的激励机制
2017 年	党的十九大报告	建立市场化、多元化生态补偿机制
2018 年	《财政部关于建立健全长江经济带生态补偿与保护长效机制的指导意见》	建立省内流域上下游之间、不同主体功能区之间的生态补偿机制,在有条件的地区推动开展省(自治区、直辖市)际间流域上下游生态补偿试点,建立相邻省份及省内长江流域生态补偿与保护的长效机制
2018 年	《建立市场化、多元化生态保护补偿机制行动计划》	建立政府主导,企业和社会参与、市场化运作、可持续的生态保护补偿机制
2019 年	《生态综合补偿试点方案》	选择 50 个县(市、区)开展试点工作,创新森林生态效益补偿制度,推进建立流域上下游生态补偿制度,鼓励地方政府探索建立资金补偿之外的其他多元化合作方式

内蒙古自治区、宁夏回族自治区、甘肃省、陕西省、青海省出台的相关生态保护政策文件见表 2-2。

表 2-2　生态保护区生态保护文件

省份	侧重的分领域	文件号	时间/(年-月-日)
内蒙古	森林草原湿地荒漠水流耕地	内政办发〔2016〕183 号	2016-12-19
宁夏	森林草原湿地荒漠水源地耕地流域	宁政办发〔2017〕118 号	2017-6-29
甘肃	森林草原湿地荒漠水流耕地矿产资源开发	甘政办发〔2017〕127 号	2017-7-28
陕西	森林湿地荒漠水流耕地矿区	陕政办发〔2017〕71 号	2017-8-16
青海	森林草原湿地荒漠水流耕地	青政办〔2018〕1 号	2018-1-2

我国的退耕还林工程建设:一是退耕还林(草)作为一项生态工程,作为国家开发生态环境保护与建设项目,具有行政行为的性质;二是明确退耕还林(草)实施的对象在 25°及 25°以上的陡坡耕地,实施的目标是恢复森林植被、改善生态环境,减少水土流失,为中国的可持续发展奠定良好的生态基础,并制定了群众粮食补助、造林补助及苗木补助等政策;三是明确了退耕还林(草)与当地经济发展相结合,实现生态效益、经济

效益和社会效益"三赢"的目标；四是坚持宜乔则乔、宜灌则灌、宜草则草的原则，使退耕还林（草）达到科学设计、综合治理；五是退耕还林以营造具有生态防护效能，又能产生一定经济效益为主的森林，并解决好退耕户因粮食减收引起的生活困难，既强调工程任务的完成，又注意保护群众的积极性和自觉性。退耕还林工程的实施，结束了我国几千年来毁林开荒的历史，标志着我国由向土地索取转向促进人与自然的和谐发展，走上生态文明健康发展之路。2007年9月国务院又出台了《国务院关于完善退耕还林政策的通知》（国发〔2007〕25号），不仅为了巩固退耕还林的成果，也是考虑了农民的利益，给当地林业后续产业留下了发展的时间。我国的退耕还林工程又进入了一个新的历史阶段。

2.3 退耕还林工程研究热点

基于生态工程建设成效与生态补偿的视角，国内外学者对此进行了大量的研究，热点问题主要集中在以下几个方面。

退耕还林生态工程建设成效评价研究。我国生态工程所取得的生态保护效果在国际上获得高度评价。退耕还林工程的实施加快了生态文明建设，改变了自然生态，促进了农村经济的发展。大多数研究主要集中在三个方面。一是对林业工程建设成效的研究，二是对林业工程建设发挥的生态效益、经济效益和社会效益的评价，三是对林业工程评价指标体系和所发挥的生态服务功能的研究。李育才（2009）对退耕还林工程建设成效进行了评价，也有研究者对西南退耕还林工程区生态成效进行了评估。李敏等（2016）对退耕还林工程综合效益，也有研究者对西南退耕还林工程区生态成效和中国天然林资源保护工程综合效益都进行了评价。大多学者采用价值计量法、层次分析法，选择了一些评价指标，围绕工程所发挥的生态效益、经济效益、社会效益进行评价，从退耕还林工程和天然林资源保护工程、生态林和公益林、生态指标、经济指标和社会指标，森林资产和生态服务功能、经济价值和社会价值以及监测体系等各个方面进行了全方位的研究，研究工作趋于规范。2008年中国林业科学研究院制定了森林生态服务功能评估规范，共包括8个类别14个评估指标。研究结果表明，林业工程在发挥生态效益方面得到了广泛认可，生态恢复效果是明显的，但在社会效益和经济效益方面还存在争议。一些观点认为生态建设工程促进了当地经济的发展，取得了生态效益与经济效益的双丰收；另一种观点则认为，生态工程建设没有产生经济效益，而是以牺牲经济成本为代价换取了生态效益。大量学者的研究成果为进一步研究生态保护与农村经济发展这一主题奠定了基础。在众多的研究中不难发现，探讨生态保护与农村经济发展的共享机制、农民参与管理机制以及生态补偿机制等是目前研究的热点，如何实现生态保护与农村经济协调发展的长效机制是研究中的难点。

退耕还林工程生态补偿机制的研究。生态建设是从根本上解决农村经济发展问题的一条出路，退耕还林工程又是解决生态问题的一项重大举措（国家林业局，2015）。退耕失地造成农民利益受损，研究生态补偿一度成为研究热点。虽然在经过一定的时间和空间后，当地农民认同了生态建设工程；但是，实施退耕还林工程后减少了农民在土地上获取的收益（Krishna，2013），如果生态补偿工作没有做好，还会出现退耕区返耕现象。生态保护中农民的生存权、发展权与环境权之间的矛盾冲突还会日益加剧（黄锡生 等，

2017），区域经济的发展在一定程度上会受到影响，而生态补偿正是解决生态保护与经济社会发展这一矛盾的措施（宋福强 等，2017），这也是近年来生态补偿成为研究热点原因之所在。生态补偿主要涉及三个方面的内容：一是生态权益的责任划分。生态补偿中涉及破坏方、获益方、损失方三者的主体责任和各自的权益，对于采矿企业对当地植被、土壤等生态环境的破坏和"高污染、高能耗"的造纸、水泥、化工、炼铁等中小企业对当地环境的破坏实行"污染者付费，受益者补偿"没有太多争议，而对于因"开荒毁林、过度放牧"而造成生态破坏的农牧民承担破坏生态的主体责任争议较大。二是补偿对象。生态移民是生态保护建设的直接参与者和利益相关者，生态移民为了国家的生态建设放弃了原本享有的权益，理应得到相应的补偿（韩雅洁，2017）。农户的生计问题因为生态补偿而发生了改变，国内外大多数学者主要从生计资本、生计活动、生计策略等多个角度进行研究。三是生态补偿的种类。按照"谁污染、谁治理""谁受益、谁出资"的生态补偿原则，主要有政府提供的生态补偿（李敏 等，2016）、破坏方提供的生态补偿和获益方给予生态保护区的损失以补偿（张林洪 等，2017）。生态补偿又是以生态系统服务为基础，对土地补偿、建设成本补偿、移民身心损害补偿，生态功能补偿（如涵养水源、保育土壤）、生态污染补偿（如空气、水、土壤）等几方面进行生态补偿（欧阳志云 等，2013）。四是生态补偿标准。生态补偿标准核算涉及的问题较多，比较受关注的是生态功能区域（陆地、森林、草原、湿地、海洋等）、土地功能（林地、草地、耕地）、生态恢复难易程度等（孙贤斌 等，2012；井美娟 等，2012；仲娜，2014），大多采用机会成本法、市场替代法来计算（魏晓燕 等，2013；李屹峰 等，2013）。邵传林等（2010）从农户、地方政府和中央政府博弈的角度探讨了退耕还林工程实施中确定的补助标准和补助年限。

生态保护与农村经济社会协调发展的长效机制研究。如何加强生态工程管理一直是研究的热点，人治管理与法制管理成为争论的焦点。中华人民共和国成立后，实行的是"三级管理，队为基础"的三级管理模式，既巩固了基层政权，又有效地管理了农村行政事务。20世纪80—90年代，学术界提出了基层政府组织领导、社区居民参与式的生态保护模式的指导思想，认为这是最为有效的生态保护模式。但研究者在对生态保护的实证调查及研究后认为，这种参与式管理模式持久性不强。Bergquist（2007）调查研究后也发现，这种管理模式受政府管理、政策以及社区居民的保护意识等多种因素的影响。一些学者从立法上（沈友华 等，2018）探讨生态保护管理机制；也有一些学者从政策、理论方面对生态保护进行探讨（王德凡，2018；王宾，2017），强调运用法律武器进行制度管理。但是也有学者认为最合理的保护方式是赋予参与生态保护的当地居民的执法权，而非单纯运用法律和行政手段的方式（Hosseininia et al.，2013；Shukla et al.，2010）。生态保护与经济发展是一把双刃剑，协调发展、双方共赢的指导思想一直被认为是解决生态保护与经济发展矛盾的有效方法（He et al.，2008；Weckerle et al.，2010）。它的理念就是生态保护与经济发展有机结合起来，"农民"在参与生态保护过程中经济收入方面受益，"自然生态"在农民的积极参与中得到有效保护，"二者"由此建立起长久有效的合作共赢机制（Börger，2014；Kathleen et al.，2006），这是学者们普遍认可的观点。Muboko等（2014）研究认为居民在生态保护中经济上获益的同时，提高了对生态保护的认可和主动参与保护的积极性。Spiteri 等（2008）认为生态补偿机制能够有效地协调生态保护与农村经济发展二者的关系，而 Bown 等（2013）认为社区居民在生态保护中由于没有得到相应的收益，在生态保护方面起到了消极的作用。由此可见，建立生态补偿机制可以解决农民因生态保护而承担的保护成本与农民退耕失地后经济收益之间不平衡的一些问题。要建立生态保护与农村经济发展的长效机制，必须将退耕还林工程建设与调整农村产业结构、发展农村经济相结合，更能实现生态保护与农民增收双赢的局面（王庶 等，2016）。

综观上述研究，生态保护与经济社会的协同发展是未来研究的必然趋势，生态补偿将成为研究热点。目前，在退耕还林生态工程建设评价与生态补偿的理论与方法方面，还不够完善，为了更深入地研究退耕还林工程建设成效及其发挥的综合效益，科学合理有效地进行生态补偿，有效地指导退耕还林工程建设，本研究从退耕还林工程生态保护评估与生态补偿机制方面，进行更为详细地研究。

第 3 章 退耕还林工程评价指标体系与评价标准研究

3.1 退耕还林工程评价指标体系的研究

3.1.1 退耕还林工程生态评价目的意义

生态问题已经成为了全球性问题,环境与发展成为当今世界普遍关注的问题。我国是世界上水土流失和沙漠化最严重的国家之一。全国土壤侵蚀面积为 $3.67×10^6$ km², 荒漠化土壤面积 $2.622×10^6$ km², 分别占国土面积的 38.2%、27.2%。黄土高原 53 万 km² 的面积中,水土流失面积占 80%,土壤侵蚀模数达 5 000~15 000个/(km²·年),每年流入黄河的泥沙达 16 亿 t,其中约有 4 亿 t 淤积在下游河道,使河床每年平均以 10 cm 的速度淤高。而长江流域水土流失面积达 56 万 km², 比 20 世纪 50 年代增加了 55.6%, 年流失土壤达 22.4 亿 t。水土流失,土地退化等成为困扰该区可持续发展和农民脱贫致富的主要问题。

由于自然因素(干旱、气候变暖、土地荒漠化)和人为因素(过度放牧、毁林开荒、乱砍滥伐)的共同作用,特别是不合理的人类干扰活动,黄土丘陵沟壑区自然植被破坏严重,土壤侵蚀和退化剧烈。水土流失主要集中在坡耕地上,坡耕地土壤侵蚀量占区域土壤总侵蚀量的 60%~80%。造成我国水土流失和土地沙化的重要原因是毁林毁草开荒,陡坡种粮。全国 25°以上的陡坡地有 $6.066\ 7×10^6$ hm², 西部地区占了 70% 以上。长期以来,由于长江、黄河上中游地区毁林开荒,陡坡耕种,已使之成为世界上水土流失最严重的地区之一,不断加剧的水土流失和土地沙化,不仅使土地生产力严重衰退生态环境急剧恶化,而且造成长江、黄河中下游地区江河湖泊和水库不断淤积抬高,水患加重,同时也加剧了北方地区少雨干旱的问题,激化了在水资源利用等方面的地区间的矛盾,给国民经济和人民生产生活造成巨大危害,国家不得不每年花费大量人力、物力和财力,进行防汛、抗旱和救济灾民。1998 年长江流域特大洪水灾害,造成损失 2 000 多亿元,给国民经济和下游两岸人民生命财产造成巨大损失。直接原因就是中上游地区乱砍滥伐致使植被遭到严重破坏,从而引起环境的进一步恶化所致。1992 年以来,自西北而起的沙尘暴天气严重影响到北方大片地区。

大面积水土流失和土地荒漠化,直接威胁着广大农民赖以生存的土地,严重制约了国民经济可持续发展,对中华民族的生存和发展构成了巨大威胁。不断恶化的生态环境不仅已成为我国西部大开发和实施可持续发展战略的主要障碍因素之一,而且已经对中东部的生存与发展造成跨区域性的不利影响。加大力度整治水土流失,改善中西部环境已成为全国人民面临的一项紧迫的战略任务。生态环境恶化与社会可持续发展的矛盾有力地推动了生态环境建设的发展。为此，中共中央、国务院针对我国严重的荒漠化形势，特别是频繁发生的洪涝、沙尘暴、泥石流等自然灾害，站在国家和民族长远发展的高度，着眼于经济和社会可持续发展，做出了天然林资源保护工程、退耕还林工程这一重大战略决策。退耕还林工程是一项多层次、多功能、多目标的复杂的复合生态系统工程，涉及国家、地方政府、农户方方面面的利益，其综合评价内容包括对系统的生态分析、经济分析、社会分析和工程建设成效分析，以及今后发展的趋势。虽然许多专家学者在森林效益分类、指标体系设置、评价方法研究等方面做了许多富有成效的工作，但是由于退耕还林工程建设发展历史短、发挥效益时间又缓慢，森林效益评价极其复杂，在生态因子的监测上也存在一些缺陷，而且不同区域的指标选择和权重又有区别，因而本研究针对内蒙古自治区退耕还林工程区的特点，建立适合西部干旱地区的退耕还林工程综合效益评价指标体系，对定性、定量地评价内蒙古自治区退耕还林工程建设成效，以及促进退耕还林工程向高效、稳定、健康的方向发展具有十分重要的意义。

3.1.2 指标体系的范畴界定

退耕还林工程实施的目的是保护和恢复已经破坏了的生态环境，实现生态环境的可持续发展。退耕还林工程区的生态效益、经济效益和社会效益的统一是森林可持续经营的核心（杨旭东，2004）。自从1992年联合国环境与发展大会后，世界各国对森林综合效益评价指标体系进行了研究。国外对森林经营的评价指标主要有蒙特利尔行动纲要、赫尔辛基行动、亚马孙行动、国际热带木材组织等。国内对森林综合效益的研究也进行了一定的探索，但对评价指标体系的研究尚不系统。退耕还林工程建设效益评价的目的在于为制定有关政策和管理提供科学依据，退耕还林形成的林地资源是森林的一部分，退耕还林效益评价与森林的效益评价在指标选择上有很多相同点。但退耕还林又有其特殊性的一面，特别是直接涉及耕地资源、粮食及广大农户的利益，而不只是评价退耕还林后森林逐步恢复所发挥的效益。因此，退耕还林工程评价指标的选择必须从我国的国情出发，与我国的社会经济条件和人们的认识水平相一致，使之既能对退耕还林的社会、经济、生态效益做出客观评价，又能为社会所承认。退耕还林工程效益反映的是工程实施后对区域经济、生态、社会的效果，其评价结果要为持续开展退耕还林工程提供科学依据。到目前为止，针对退耕还林还没有较为规范的评价指标和方法。为此，在大量综合考虑有关森林效益评价指标的基础上，本研究从内蒙古自治区退耕还林工程区的实际出发，充分分析研究内蒙古自治区退耕还林工程对当地生态、经济、社会产生的影响，确定退耕还林工程在当地发挥作用的确切效益，在此基础上选取了退耕还林工程效益评价指标体系，本指标体系参考采用《森林生态系统服务功能评估规范》（GB/T 38582—2020）、《森林生态系统长期定位观测方法》（GB/T 33027—2016）、《森林生态系统长期定位观测指标体系》（GB/T 35377—2017）、《森林生态系统服务功能评估规范》（LY/T 1721—2008）的文件的规范建立评价指标体系，并进行监测与评估。对内蒙古自治区退耕还林工程进行全面的综合评价。

3.1.3 评估指标及评价方法构建

退耕还林工程综合效益评价包括工程建设效益、生态效益、经济效益和社会效益。生态效益评价包括建立评估指标体系和具体生态效益计算方法两部分。

3.1.3.1 退耕还林工程综合效益指标体系的构建

退耕还林工程是中共中央、国务院做出的一项改善我国生态环境的伟大战略部署，是实现我国经济、社会与生态环境可持续发展的根本大计。退耕还林工程效益包括生态效益、经济效益及社会效益等，其评价指标的选择应紧紧围绕退耕还林工程这一核心，充分考虑工程建设的背景，建设目标及建设的可持续性。为了全面客观地评价退耕还林工程的建设成效，其评价指标设定的原则、评价方法和思路必须具有系统性和相关性。

（1）评价指标设定原则。退耕还林工程评价指标的选择，应充分考虑退耕还林工程实施的背景和阶段性目标，并要结合当地的实际情况，主要考虑评价指标的以下几条原则。

全面性与科学性：退耕还林工程的指标体系建立在科学的基础上，既要充分体现退耕还林工程的可持续发展与农村经济社会的可持续发展的内在机制，还要反映生态环境体系的总体特征和该区域的经济和社会概况。在内容上既反映生态指标、经济指标和社会指标，也要反映退耕还林工程可持续发展的动态指标、静态指标。

针对性和可行性：指标体系建立时必须针对西部干旱半干旱的所研究地区，目标明确、在实际操作中行之有效，切实可行。还要考虑到评价指标基础数据获取的难易程度、可靠性和代表性。

一致性与可比性：由于在收集指标中存在各地区统计指标水分过大，指标体系中的各指标单位差异也大，因而在收集和处理指标中，既要保证各指标在不同时间、地域、各行业、产业间的可比性，也要保证指标在时空上的一致性。

实用性与系统性：既要求建立的指标体系有明确的含义，在统计资料、调查研究和试验数据中容易获得，而且简便易算，也要求建立的指标体系具有完整性和结构层次性。既要求建立的指标体系能够系统地反映内蒙古自治区退耕还林工程的生态、经济和社会效益方面，也要求建立的指标体系是一个目标明确、层次分明、相互衔接的有机整体。

（2）评价指标建立的思路。本研究根据构建指标体系的原则，确定退耕还林工程建设成效评价体系的层次，根据不同的层次需求确定其构成要素，在对退耕还林工程具体的评价中，用下一级的层次指标计算出上一级的层次指标，即通过最低层次的指标变量层不同具体指标的赋值，采用加权方法算出评价指标层的分值，再由评价指标层的分值加权集合，得出目标层的分值，对退耕还林工程的综合效益进行总体评价。

指标体系分为目标层、系统层、标准层、指标变量层四个等级。

目标层：内蒙古自治区退耕还林工程综合效益评价。

系统层：生态效益、经济效益和社会效益。

标准层：系统层的构成要素指标。

指标变量层：反映森林生态系统状态的关系、变化的原因，对退耕还林工程的建设成效具有直接可测性的评价指标，各项指标变量计算容易，数据资料容易获得。

（3）评价指标筛选的方法。筛选指标体系是一项复杂的系统工程，既要求评价者对评价系统了解熟悉并具备一定的相关知识，还要求掌握科学的评价方法。本研究在选择评价指标时，一是通过广泛阅读参考文献，吸纳前人研究成果中的优良指标；二是注重结合实际，根据评价对象的实际情况，提出能够反映其本质的评价指标；三是广泛听取专家意见，对建立的评价指标体系反复修正。

本研究筛选指标的方法主要有理论分析法、频度分析法、Delphi法、专家咨询法和调查研究法。理论分析法就是对退耕还林工程阶段目标完成情况、实施前后退耕还林工程区森林资源的变化情况、生态、经济、社会等的变化情况进行分析比较，设计出退耕还林工程建设成效的评价指标体系。频度分析法是根据国内外相关的退耕还林生态恢复与综合效益评价的文献中，选择出使用频度高、具有典型性、针对性，而且数据可获得性的指标，列为退耕还林工程建设成效的评价指标体系。Delphi法、专家咨询法和调查研究法就是将调查研究得来的定量信息和定性信息进行统计分析，在此基础上，进一步运用专家咨询法，根据专家的意见对评价指标体系进行修正，70%以上的专家认同的指标列入指标体系，最后形成退耕还林工程综合效益的评价指标。

（4）评价指标的初选。在对退耕还林工程实施后退耕还林工程综合效益评价研究中，结合国内外森林综合效益评价指标、中国生态林业工程综合效益评价指标体系、中国森林生态系统服务功能评估规范的指标，并结合退耕还林工程的实施目标、其他可借鉴的指标和研究地区实际情况，以及各指标的内涵和测量方法的可行性，初选了60个评价指标（表3-1）。

表3-1 退耕还林工程综合评价指标初选

总体层	系统层	标准层	指标层
内蒙古退耕还林工程综合效益评价	生态效益	改变小气候	相对湿度、平均气温、无霜期、干燥度
		涵养水源	森林覆盖率、年径流系数、林地蓄水量、林冠截留率、拦截暴雨径流率、径流模数、地被物持水量、水质改善程度、土壤中重金属含量变化率、侵蚀面积占区域面积的百分比
		水土保持	土壤侵蚀面积百分比、土壤侵蚀模数、流域输沙模数
		改良土壤	土壤容重、土壤总空隙率、土壤有机质含量
		净化大气环境	CO_2固定量、O_2释放量、提供负离子、吸收污染物、降低噪声滞尘
		森林防护	森林护坡（堰）效果、降水径流转化率、重力侵蚀降低率
		生物多样性	物种保育、生物类型多样性、森林植物多样性、森林动物多样性
		森林的游憩价值	森林的游憩价值
	经济效益	直接经济效益	涉林第一产业产值、第二产业产值、第三产业产值、退耕还林投入指标、退耕还林产出指标、林业投资效益指标
		间接经济效益	林木、牧草、果产品效益、农民年度家庭生活消费支出增长率、文化消费支出增长率、人均居住面积
	社会效益	可量化的社会效益	合理转移农村劳动力、优化农村产业结构、调整能源结构、林业在区域经济中的比例、贫困人口变动率、恩格尔系数、就医增长率、适龄儿童入学率
		潜在的社会效益	提高农民环保意识、加强新农村建设、就业率、基本养老保险覆盖率、"四险"覆盖率、对公众身心健康的影响

(5) 评价指标体系的建立。将初选出来的评价指标，按照评价指标的筛选程序和方法，分送给高校和科研院所的有关专家、教授，广泛征求专家、教授意见，最后确定生态效益指标直接采用中国森林生态系统服务功能评估规范中的指标，经济效益和社会效益指标经专家、教授及收集的资料验证，针对退耕还林工程区的特点，按照具有可比性和可操作性的原则，对初选指标进行进一步的筛选和替换，确立了内蒙古自治区退耕还林工程综合效益评价的指标体系，包括总体层 1 个，系统层指标 3 个，标准层指标 13 个，要素层指标 29 个（表 3-2）。

表 3-2　内蒙古退耕还林工程综合效益评价指标体系

总体层	系统层	标准层	要素层
内蒙古退耕还林工程综合效益评价指标体系（A）	生态效益（B1）	保育土壤（C1）	保土（D1）
			固肥（D2）
		林木养分固持（C2）	氮固持（D3）
			磷固持（D4）
			钾固持（D5）
		涵养水源（C3）	调节水量（D6）
			净化水质（D7）
		固碳释氧（C4）	固碳（D8）
			释氧（D9）
		净化大气环境（C5）	提供负离子（D10）
			吸收气体污染物（D11）
			滞尘（D12）
		森林防护（C6）	防风固沙（D13）
		生物多样性（C7）	物种资源保育（D14）
		森林生态系统服务修正系数（C8）	森林生态系统服务修正系数（D15）
	经济效益（B2）	涉林第一产业产值（C9）	育种育苗造林（D16）
			木材（D17）
			经济林（D18）
		涉林第二产业产值（C10）	木材加工与制造（D19）
			非木质林产品加工制造（D20）
		涉林第三产业产值（C11）	旅游休闲（D21）
			生态服务（D22）
			林下经济（D23）
	社会效益（B3）	可量化的社会效益（C12）	适龄儿童入学率（D24）
			低保医保覆盖率（D25）
		潜在的社会效益（C13）	提高农民环保意识（D26）
			合理转移农村劳动力（D27）
			产业结构变化（D28）
			加快新农村建设（D29）

3.1.3.2 退耕还林工程生态效益计量方法

我国早期的森林生态效益评价多属于定性评价（桑晓靖，2003；周红 等，2005；李亮光，1995），随着我国退耕还林工程、天然林资源保护工程、三北防护林工程等六大林业工程的全面实施和生态监测工程的全面展开，众多专家学者开始采用定量与定性分析相结合的方法进行分析。本研究根据退耕还林工程研究的实际，从学科角度出发，将退耕还林工程综合效益评价的方法分为两类：以经济学为主的计量评价方法和以生态学为主的计量评价方法。

以经济学为主的效益计量评价是在实物计量评价的基础上，利用成本-效益分析原理和费用-效益的分析原理，通过对森林产生的生态、经济和社会效益的货币转化而进行森林综合效益计量评价。研究者运用市场价值法对西宁城区退耕还林后扬尘和二氧化硫等大气环境质量的改善与效益进行计算。康文星等（2001）、赖亚飞等（2006）、李蕾等（2004）利用市场价值法、机会成本法及影子价格法对森林生态恢复后的保土固肥、改良土壤和净化大气等生态效益进行计算。也有研究者运用条件价值评估法（CVM）对黑河流域张掖地区生态价值进行了评价。此外，还有研究者运用市场价值法、影子价格法对不同地区森林恢复重建后的生态效益进行了计算。纵观各项研究，森林生态效益的主要计量方法有市场价值法、替代市场法和模拟市场法（袁红军 等，2009）。

以生态学为主的计量评价从研究森林的基本生态功能出发，不仅研究森林恢复后生态功能的效益，还探讨其产生的机制。根据研究机制的不同可以分为以效益评价为主的计量评价方法和以效益计量为主的计量评价方法（袁红军 等，2009）。以效益评价为主的计量评价方法就是通过构建反映其效益的评价指标及指标体系；根据各指标体系中各个要素之间的相互关系，确定其权重；最后进行效益的评价计算。以计量为主的生态效益计量评价就是通过一定的计量模型，直观地反映林业工程所带来的物质效益。

总的来说，随着人们对森林生态环境作用的认识的不断深入，随着森林生态系统服务功能及价值的深入研究，针对不同森林类型的区域和不同对象的估算方法正在逐渐形成。其评价方法也在向着深度和广度的方向不断扩展。本研究从实际出发，在综合生态学和经济学的评价方法基础上，并采用物质量评价法和价值量评价法。

目前对生态系统服务功能计量的方法包括物质量评估和价值量评估，但国内外生态系统服务物质量和价值量的评估都难以得出让公众和学术界普遍接受的结果，这反映了该领域研究方法还不成熟，需要继续完善。

物质量评估：由于不同生态系统所具有的生态系统服务的种类存在较大差距，分布在不同区域的同一种生态系统类型因分布区域的不同为人类提供的产品和服务不尽相同，使物质量评估方法具有不确定性。以营养物质循环为例，有研究者采用土壤库持留法进行估算，同时也有研究者采取林分持留法进行估算。但物质量评估能够比较客观地反映生态系统的生态过程，进而反映生态系统的可持续性，不会受市场价格不统一和波动的影响。物质量评估特别适合于同一生态系统不同时段同一功能的比较研究，是区域生态系统服务功能评估研究的重要手段。但单纯采用物质量评估方法不能直观地反映出生态系统发挥的效益，且由于各单项服务功能量纲的不同而无法进行合计，无法评估某一生态系统的综合服务功能，研究结果不能引起人们对生态系统服务功能的足够重视。

价值量评估：由于生态系统功能和服务的多面性，造成生态系统服务具有多价值性。生态系统服务的总经济价值包括使用价值和非使用价值两部分，使用价值包括直接使用价值（直接实物价值和直接服务价值）、间接使用价值（生态功能价值）。非使用价值包括遗产价值和存在价值，还有选择价值（即潜在使用价值）既可归为使用价值，也可归为非使用价值。价值量评估指从货币价值量的角度对生态系统提供的服务功能进行定量评估。由于价值量评估结果都是货币值，既能将不同生态系统同一项生态服务功能进行比较，又能将某一生态系统的各项服务功能综合起来。运用价值量评估方法可为环境核算提供方法和理论依据，但由于价值量反映的绝大多数是人类对生态系统服务的支付意愿，评估结果往往存在着主观性与随机性。

物质量与价值量评估方法的对比分析：采用物质量和价值量两种不同的评估方法对同一生态系统进行服务功能评估，会得出不同甚至相反的结论；对于不同的评估目的和不同的评估空间尺度，这两类方法有较大的区别。物质量评估能够比较客观地反映生态系统服务功能的机制，进而反映生态系统服务功能的可持续性，而价值量评估更多地反映生态系统服务功能的总体稀缺性，它们之间是互相促进和补充的关系。

判断物质量和价值量评估这两种方法的优劣，在某种程度上取决于对生态系统服务功能评估的目的。若评估的目的是分析生态系统服务功能的可持续性，物质量评估方法比价值量评估方法更合适或更有优势。这是因为生态系统服务功能可持续性从根本上取决于生态系统的生态过程，而生态系统的生态过程则取决于生态系统服务功能物质量的动态水平，所以物质量评估能够比较客观地反映生态系统的生态过程，进而反映生态系统服务功能的可持续性。而价值量评估更多的是反映生态系统服务功能的总体稀缺性，它在反映生态系统服务功能可持续性方面的作用相对比较弱。

如果对生态系统服务功能评估的目的是为某些工程项目立项的决策提供依据，价值量评估比物质量评估方法更有优势。因为工程项目立项过程在很大程度上是对各种成本和效益进行量化并加以综合比较和权衡的过程，价值量评估方法在这一方面要比物质量评估方法有明显的优势。

另外，判断物质量和价值量评估方法合适与否，在一定程度上取决于被评估生态系统的空间尺度。一般来说，价值量评估方法所得到的生态系统服务总体价值是为交换提供依据的，而物质量评估方法反映的主要是生态系统的结构与功能及生态过程。空间尺度比较小的生态系统可用于某种目的的交换，而空间尺度较大的区域生态系统或关键的生态系统对于任何目的都是不能进行交换的。因此，就空间尺度较大生态系统服务功能评估而言，物质量比价值量评估方法更有意义。当然，价值量评估方法可以从另一个侧面向人们展示生态系统服务功能的价值，以引起人们对生态系统服务功能的高度重视。

3.2 退耕还林工程区生态因子观测方法

综合上述研究，针对本研究的实际情况，并参考著者在中国天然林资源保护工程建设效益方面的研究（国政，2017），制定内蒙古自治区退耕还林工程生态因子观测与评价方法。

3.2.1 标准样地设置及选择

样地的选择标准是具有代表性和典型意义，不同类型样地之间差异明显，符合样地类型划分标准。标准地的形状以便于测量和计算面积为原则，一般为正方形或长方形，其面积的大小根据标准地内主林层优势树种决定。一般标准地内的林木株数，在幼龄林300株以上，中龄林250株以上，近熟林以上的林分中至少应有200株。

在进行大量植被调查的基础上，根据研究内容和技术路线及树种的分布等，选取了有代表性的林种、地段设立标准试验样地。选择退耕还林工程区的管理护林地与作为参照和对照的天然林、天然次生林地作为固定试验样地。

样方大小：乔木20 m×20 m，灌木5 m×5 m，草本植物1 m×1 m。

3.2.2 退耕还林工程区森林及生长状况调查

调查内容：生长时间、类型、规格、成活率、生长状况。

3.2.3 植被与林分调查

3.2.3.1 环境条件调查

对样点的环境条件调查项目主要包括地貌类型、地势、坡度、坡向、配置模式等。

地貌类型：一般采用目测法结合当地林业部门提供的自然概况资料。

地势：一般采用目测法。

坡度、坡向：采用GPRS（通用分组无线业务）和测向仪进行量测。

配置模式：采用计数法，即直接对样方内所调查的种群数量进行计数统计。

3.2.3.2 植被组成特征调查

野外植被调查项目主要包括物种数量、植被盖度、植被高度、植被密度等。

物种数量：采用计数法对所设样地或样方进行物种数量调查。

植被盖度：一般采用目测法估算，单位为%。

植被高度：根据需要直接测量每个层片的高度或每个种的高度，单位为cm。

植被密度：采用计数法，即直接对样方内所调查的种群数量进行计数，单位为株/m^2。

3.2.3.3 生物量调查

本研究在对退耕还林工程区植被调查的基础上，重点对本研究的标准试验地进行了调查，除进行以上指标项目的调查外，还进行了地上、地下生物量调查。

（1）乔木层生物量测定。乔木层地上部分生物量的测定采用解析木法。对每片标准地（20 m×20 m）的乔木进行每木检测，测定树高、胸径。根据标准地每木调查的资料计算出全部立木的平均高度、胸高断面积，选出代表该标准地最接近这两个平均值的树木作为标准木，并对标准木进行树干解析，把样品带回实验室置于80℃的烘箱24 h，称重，求出干鲜重比率，然后以标准木为根据，计算样地及整个林分生物量。

$$W_{TL} = \overline{W_{TL}} \times (N/400) \times 1\,000$$

$$W_{TS} = \overline{W_{TS}} \times (N/400) \times 1\,000$$

式中：N 为标准地内的株数；$\overline{W_{TL}}$ 为枝叶生物量（t/株）；$\overline{W_{TS}}$ 为树干生物量（t/株）。

枝叶、树干分别取样称重，把样品带回实验室置于 80℃ 的烘箱 24 h，称重，求出干鲜重比率，进而推算单位面积上乔木层枝叶、树干干生物量。

干生物量=鲜生物量×样品干重÷样品鲜重

乔木层地下部分生物量测定以标准木根基处为中心，标准地平均株行距为边长，设置矩形样方，分层挖取，将根系全部挖出，仔细挑出各土层中的根系，称重 $\overline{W_{TR}}$，再乘以标准地内的株数（N），得出 1 hm² 乔木根系的生物量（W_{TR}）。同时，取样称重，把样品带回实验室置于 80℃ 的烘箱中 24 h，称重，求出干鲜重比率，进而推算 1 hm² 乔木根系干生物量。

$$W_{TR} = \overline{W_{TR}} \times (N/400) \times 1\,000$$

（2）灌木层生物量测定。灌木层地上部分生物量的测定采用全部收获法（冯宗炜等，1999）。在标准地内按对角线设置 4 个 5 m×5 m 的样方，将每个样方内的灌木全部砍倒，分别称其鲜重，计算样方灌木鲜生物量平均值 $\overline{W_{TR}}$，计算 1 hm² 的灌木鲜生物量 W_{SL}。

$$W_{SL} = \overline{W_{TR}}/25 \times 10\,000$$

然后混合取样称重，把样品带回实验室置于 80℃ 的烘箱中烘干至恒重，求出干鲜重比率，进而推算 1 hm² 灌木根系干生物量。

干生物量=鲜生物量×样品干重÷样品鲜重

灌木层地下部分生物量测定在每个样方内，设置 1 个 1 m×1 m 的小样方，分层挖取 0~20 cm、21~40 cm、41~60 cm、61~80 cm、81~100 cm 的土层，仔细挑出各土层中的根系，分别称其鲜重，计算小样方根系鲜生物量平均值（$\overline{W_{SR}}$），得出 1 hm² 灌木根系鲜生物量（W_{SR}）。同时，混合取样称重，把样品带回实验室置于 80℃ 的烘箱中 24 h，称重，求出干鲜重比率，进而推算 1 hm² 灌木根系干生物量。

$$W_{SR} = \overline{W_{SR}} \times 10\,000$$

干生物量=鲜生物量×样品干重÷样品鲜重

（3）草本层生物量测定。草本层地上部分生物量的测定采用全部收获法（冯宗炜等，1999）。在标准地内设置 5 个 1 m×1 m 的样方，将每个样方内的草本植物全部剪掉，分别称其鲜重，计算样方草本植物鲜生物量的平均值（$\overline{W_{HL}}$），得出 1 hm² 草本植物鲜生物量（W_{HL}）。同时混合取样称重，把样品带回实验室置于 80℃ 的烘箱中 24 h，称重，求出干鲜重比率，进而推算 1 hm² 草本植物干生物量。

$$W_{HL} = \overline{W_{HL}} \times 10\,000$$

干生物量=鲜生物量×样品干重÷样品鲜重

草木层地下部分生物量测定将剪掉草本植物的 5 个 1 m×1 m 的样方，分层挖取 0~20 cm、21~40 cm、41~60 cm 的土层，仔细挑出各土层中的根系，分别称其鲜重，计算小样方根系鲜生物量平均值（$\overline{W_{HR}}$），得出 1 hm² 草本植物根系鲜生物量（W_{HR}）。同时，混合取样称重，把样品带回实验室置于80℃的烘箱中24 h，称重，求出干鲜重比率，进而推算1 hm²草本植物根系干生物量。

$$W_{HR} = \overline{W_{HR}} \times 10\ 000$$

干生物量＝鲜生物量×样品干重÷样品鲜重

（4）枯枝落叶层现存量测定。在标准地内设置5个1 m×1 m的样方，收集每个样方的枯枝落叶，分别称其重量，计算样方枯枝落叶现存量的平均值（$\overline{W_L}$），得出1 hm²枯枝落叶层现存量（W_L）。然后，混合取样称重，把样品带回实验室置于80℃的烘箱中24 h，称重，进而推算1 hm²枯枝落叶现存量干重。

$$W_L = \overline{W_L} \times 10\ 000$$

干生物量＝鲜生物量×样品干重÷样品鲜重

3.2.4 土壤调查

标准试验地土壤调查包括土壤剖面调查、土壤理化性质测定。

3.2.4.1 土壤剖面调查

在标准样地内选取典型地段挖取土壤剖面，一般情况每个标准样地挖取三个剖面，其中一个为典型观察剖面、另外两个分别为检查剖面和定界剖面。剖面挖取一般长1.5~2.0 m，宽为0.8~1.0 m，深度在石质山地达母岩，在黄土地达母质，在沙滩或其他水位浅的地方，可挖到地下水面。

土壤剖面形态观察记载内容主要包括以下12个方面：层次、颜色、结构、质地、紧实度、石砾含量、根量、新生体、侵入体、湿度、碳酸钙含量和pH值。同时，还要记载剖面位置及其代表性、母岩和母质、植被及其总覆盖度、地下水位及水质、立地条件类型、造林地种类、土壤野外定名和调查人等。

3.2.4.2 样地设置及取样

在与植物群落相对应的样地内，对其土壤理化性质进行测定，测定深度0~60 cm，分别为0~20 cm、21~40 cm、41~60 cm三个层次取混合土样，每个层次取三个重复。

采集混合样品的要求如下：

（1）每个点采取的土样厚度、深浅、宽窄应大体一致。

（2）各点都是随机决定的，在退耕还林工程区内观察了解情况后，随机定点可以避免主观误差，提高样品的代表性，一般按"S"形线路采样。

（3）采样地点应避免路边、沟边和特殊地形的部位。

（4）一个混合样品是由均匀一致的许多点组成的，各点的差异不能太大，不然就要根据土壤差异情况分别采集几个混合土样，使分析结果更能说明问题。

（5）一个混合样品重在1 kg左右，把各点采集的土壤放在一个盆里或塑料布上用手捏碎摊平，充分混合后，取200 g混合样品放在布袋或塑料袋里，其余弃去，附上标签，注明采样地点、采土深度、采样日期、采样人，标签一式两份，一份放在袋里，另一份扣在袋上，带回实验室测定其化学性质，与此同时要做好采样记录。

3.2.4.3 土壤物理性质测定

（1）土壤容重和含水量的测定。在林地内挖掘土壤剖面，用修土刀修平土壤剖面并记录剖面的形态特征,按剖面层次,分层取样,每层3个重复。

将环刀托放在已知重量的环刀(容积为100 cm³)上,环刀内壁稍擦上凡士林,将环刀刃口向下垂直压入土中,直至环刀筒中充满土样为止。

用修土刀切开环周围的土样,取出已充满土的环刀,细心削平环刀两端多余的土,并擦净环刀外面的土。同时,在同层取样处,用铝盒采样,测定土壤含水量(或用水分仪测量水分含量)。

把装有土样的环刀两端立即加盖,以免水分蒸发。随即称重(即湿土加空铝盒重,精度到0.01 g,记为W_1),然后打开盖,置于烘箱,在105~110℃条件下,烘至恒重(需6~8 h),再称重(即干土加盒重,记为W_2),空铝盒的重量记为W_3。其计算公式如下。

$$P_b = \frac{m}{V(1+\theta_m)}$$

式中:P_b 为土壤容重(g/cm³);m 环刀内湿样质量(g);θ_m 样品含水量(%);V 为环刀容积(cm³),一般为100 cm³。

允许平行绝对误差<0.03 g/cm³,取算术平均值。

$$\theta_m = \frac{W_1 - W_2}{W_2 - W_3} \times 100$$

(2) 土壤孔隙度的测定。

土壤孔隙度一般都不直接测定,而是由土粒密度和容重计算求得。

$$P_1 = \left(1 - \frac{P_b}{\rho}\right) \times 100\%$$

式中:P_1 为土壤孔隙度(%);P_b 为土壤容重(g/cm³);ρ 为土粒密度(g/cm³)。

毛孔孔隙度的测定:将测定容重的原土样环刀上方的盖子打开,每个环刀上方铺一滤纸,然后将环刀放在有水源供应的浅盘上,使其充分吸水,经过2~3 h,环刀上方有水分湿润时,土壤中毛管水已接近饱和,取出环刀用试纸吸干,进行称重,然后放回原处,每隔1 h取出,反复称重,直到恒重。

土壤毛管孔隙度采用如下公式计算。

$$P_c = (b - a - x)/V$$

式中:P_c 为毛管孔隙度(%);b 为吸水2~3h后带土环刀重(g);a 为环刀重(g);x 为环刀内土重(g);V 为环刀容积(cm³)。

土壤非毛管孔隙度采用下列计算公式。

$$P_n = P_t - P_c$$

式中:P_n 为土壤非毛管孔隙度(%);P_t 为土壤总孔隙度(%);P_c 为毛管孔隙度(%)。

(3) 土壤渗透测定。采用改进的环刀法,环刀内径10 cm,总高度12 cm。测定时先用环刀取土壤表层原状土,取土高度为10 cm,取样后带回在室内连同环刀浸入水中10 h。浸水时保持水面稍低于环刀表面。以免水分漫灌堵塞土壤毛孔,影响测定结果。为便于比较,最后将测定的稳定入渗速率换算成10℃时的稳定入渗系数,重复3次取平均值。浸水后放在渗透架上,在上部加水,水层厚度2 cm,下部用烧杯接渗出水,每隔

2 min 测量一次渗出水量。同时，立即将上部水加至原刻度，直到连续 3 次出水量相等时，停止试验。渗透系数计算公式如下。

$$K_{ti}=\frac{V\times L}{H+L}$$

$$V=\frac{Q_i}{s}\times\frac{10}{t_i}$$

式中：V 为渗透速率（mm/min）；s 为渗透筒横断面积（cm^2）；Q_i 为在时段 t_i 中渗出的水量（m^3）；L 为土层厚度（cm）；H 为水层厚度（cm）；K_{ti} 为 t 温度下的渗透系数。

（4）土壤化学性质测定。分析项目有土壤有机质、全氮、全磷、全钾、速效氮、有效磷、速效钾。土壤有机质采用重铬酸钾氧化法；土壤全氮采用重铬酸钾-硫酸消化，开氏定氮法；土壤全磷采用氢氟酸-高氯酸消化-钼锑抗比色法；全钾采用氢氧化钠碱熔-火焰光度法；土壤水解氮采用康维皿法；土壤有效磷采用碳酸氢钠浸提，钼锑抗比色法；土壤速效钾采用醋酸铵浸提，火焰分光光度法。

3.2.5 林地水文调查

对试验地的森林水文分析项目有冠层截留、枯落物容水量、土壤渗透性等。

3.2.5.1 冠层截留

（1）乔木层截留量。采用"浸水法"求出以鲜重为基准的最大持水量，即将标准枝称重后，浸入水中 5 min，然后轻轻捞出待重力水滴净后称重，进而推算得到单位面积上乔木枝叶生物量和最大截留量。

（2）灌木层截留量。在标准地内选择有代表性的样方 4 个，面积为 5 m×5 m，砍下样方内所有灌木，称鲜重，推算单位面积内灌木层的鲜重。取一定重量的灌木浸入水中 5 min，然后轻轻捞出，待重力水滴净后称重，测定灌木层的最大截留量，把样品带回实验室置于 105℃ 的烘箱中至恒重，求出干鲜重比例，可算出单位面积灌木层生物量和最大截留量。

（3）草本层截留量。在标准地内选择有代表性的样方 5 个，面积为 1 m×1 m，割下样方内所有草本植物，称鲜重，推算单位面积内草本层的鲜重。取一定重量的样品浸入水中 5 min，然后轻轻捞出，待重力水滴净后称重，测定草本层的最大截留率，把样品带回实验室置于 105℃ 的烘箱中至恒重，求出干鲜重比例，可算出单位面积草本层生物量和最大截留量。

（4）最大截留率、截留量测定。用简易吸水法分别测定乔木层、灌木层和草本层的最大截留量。乔木、灌木冠层对干、枝叶分别进行测定。其中最大截留率计算公式如下。

$$R_C=(W_a-W_b)/W_b\times100$$

式中：R_C 为最大截留率（%）；W_b 为枝叶吸水前重（g）；W_a 为枝叶吸水后重（g）。最大截留量计算公式如下。

$$M_r=R_c\times R_b/10\,000$$

式中：M_r 为最大截留量（mm）；R_c 为最大截留率（%）；R_b 为地上生物量（kg/hm^2）。

3.2.5.2 枯枝落叶层容水量

在标准地内设置具有代表性的样方5个，面积为1 m×1 m，测量枯落物的厚度，然后收集枯落物称重，计算单位林地面积枯落物现存量，并取一定重量的样品带回，通过浸泡、称重、烘干测定其含水率和饱和吸水率。然后计算枯枝落叶层的最大容水量。

枯落物水容率计算如下。

$$R = (W_a - W_b)/W_b \times 100$$

式中：R 为枯落物水容率（%）；W_a 为经8~10 h浸泡后的带水枯落物重（g）；W_b 为枯落物干重（g）。

枯落物水容量计算如下。

$$M = (W_a - W_b)/S \times 100$$

式中：M 为枯落物水容量（mm）；W_a 为经8~10 h浸泡后的带水枯落物重（g）；W_b 为枯落物干重（g）；S 为小区面积（cm²）。

3.2.6 遥感监测方法

为了研究的需要，一般选择影像清晰，反差适中，时相好，各项指标均能符合要求，容易辨别地类地物的遥感影像数据。对于所获取的遥感影像数据，需要进行预处理才能正式使用。常用的Landsat TM影像在地面接收站即进行过较粗的辐射校正和几何校正，除高精度的定量应用外，TM影像一般只需进行几何精校正即可，校正后，进行图像处理、波段合成及图像拼接、裁剪处理，以期进一步发掘遥感影像的潜在信息，突出和显示目标物的所需专题特征信息。

根据不同土地利用类型的光谱反映特征建立解译标志，采用目视解译法识别影像的特征属性，并结合野外调查资料对影像进行监督分类，得到遥感分类图，比较各时的遥感分类图，完成监测的详细图。

3.3 退耕还林工程生态效益评价指标与评价计算方法

本研究按照《森林生态系统服务功能评估规范》（GB/T 38582—2020）、《森林生态系统长期定位观测方法》（GB/T 33027—2016）、《森林生态系统长期定位观测指标体系》（GB/T 35377—2017）、《森林生态系统服务功能评估规范》（LY/T 1721—2017）的文件的规范进行监测与评估。

3.3.1 评估指标体系

森林生态系统服务功能测算评估指标体系见图3-1。

3.3.2 森林生态系统服务功能物质量评估公式及参数设置

森林生态系统服务功能是指森林生态系统与生态过程所形成及维持的人类赖以生存的自然环境条件与效用。主要包括森林在涵养水源、保育土壤、固碳释氧、积累营养物质、净化大气环境、森林防护、生物多样性保护和森林游憩等方面提供的生态服务功能。

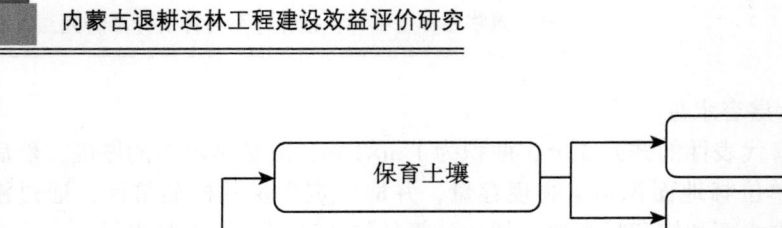

图 3-1 森林生态系统服务功能测算评估指标体系

本研究按照国家林业和草原局制定的森林生态系统服务功能评估标准,通过采用森林生态系统长期连续定位观测数据、森林资源清查数据及社会公共数据对森林生态系统服务功能开展的实物量与价值量评估,见表 3-3。

表 3-3　森林生态系统服务功能物质量评估公式及参数设置

功能类别	指标类别		计算公式和参数说明
保育土壤	保土		$G_{保土}=A\times(X_2-X_1)\times F$ 式中：$G_{保土}$ 为评估林分年保土量（t/年）；A 为林分面积（hm^2）。X_2 为无林地土壤侵蚀模数 [t/（hm^2·年）]；X_1 为林地土壤侵蚀模数 [t/（hm^2·年）]；F 为森林生态系统服务修正系数
	固肥	减少氮流失	$G_N=A\times N\times(X_2-X_1)\times F$ 式中：G_N 为评估林分固持土壤而减少的氮流失量（t/年）；A 为林分面积（hm^2）；N 为实测林分中土壤含氮量（%）；X_2 为无林地土壤侵蚀模数 [t/（hm^2·年）]；X_1 为林地土壤侵蚀模数 [t/（hm^2·年）]；F 为森林生态系统服务修正系数
		减少磷流失	$G_P=A\times P\times(X_2-X_1)\times F$ 式中：G_P 为评估林分固持土壤而减少的磷流失量（t/年）；P 为实测林分中的土壤含磷量（%）
		减少钾流失	$G_K=A\times K\times(X_2-X_1)\times F$ 式中：G_K 为评估林分固持土壤而减少的钾流失量（t/年）；K 为实测林分中的土壤含钾量（%）
		减少有机质流失	$G_{有机质}=A\times M\times(X_2-X_1)\times F$ 式中：$G_{有机质}$ 为评估林分固持土壤而减少的有机质流失量（t/年）；M 为实测林分中土壤有机质含量（%）
林分养分固持	氮固持		$G_{氮}=A\times N_{营养}\times B_{年}\times F$ 式中：$G_{氮}$ 为评估林分中氮固持量（t/年）；A 为林分面积（hm^2）；$N_{营养}$ 为实测林木氮元素含量（%）；$B_{年}$ 为实测林分净生产力 [t/（hm^2·年）]；F 为森林生态系统服务修正系数
	磷固持		$G_{磷}=A\times P_{营养}\times B_{年}\times F$ 式中：$G_{磷}$ 为评估林分中磷固持量（t/年）；A 为林分面积（hm^2）；$P_{营养}$ 为实测林木磷元素含量（%）；$B_{年}$ 为实测林分净生产力 [t/（hm^2·年）]；F 为森林生态系统服务修正系数
	钾固持		$G_{钾}=A\times K_{营养}\times B_{年}\times F$ 式中：$G_{钾}$ 为评估林分中钾固持量（t/年）；A 为林分面积（hm^2）；$K_{营养}$ 为实测林木钾元素含量（%）；$B_{年}$ 为实测林分净生产力 [t/（hm^2·年）]；F 为森林生态系统服务修正系数
涵养水源	调节水量		$G_{调}=10A\times(P_{水}-E-C)\times F$ 式中：$G_{调}$ 为评估林分年调节水量功能（m^3/年）；A 为林分面积（hm^2）；$P_{水}$ 实测林外围降水量（mm/年）；E 为实测林分蒸散量（mm/年）；C 为实测林分地表快速径流量（mm/年）；F 为森林生态系统服务修正系数
	净化水质		$G_{净}=10A\times(P_{水}-E-C)\times F$ 式中：$G_{净}$ 为评估林分年净化水质量（m^3/年）

续表

功能类别	指标类别		计算公式和参数说明
固碳释氧	固碳	土壤固碳	$G_{碳} = G_{植被固碳} + G_{土壤固碳}$；$G_{植被固碳} = 1.63 R_{碳} \times A \times B_{年} \times F$ 式中：$G_{碳}$为评估林分生态系统年固碳量（t/年）；$G_{植被固碳}$为评估林分年固碳量（t/年）；$G_{土壤固碳}$为评估林分对应的土壤年固碳量（t/年）；$R_{碳}$为CO_2中碳的含量，为27.27%；$B_{年}$为实测林分净生产力[t/(hm²·年)]；A为林分面积（hm²）；F为森林生态系统服务修正系数
		植被固碳	$G_{土壤固碳} = A \times S_{土壤} \times F$ 式中：$G_{土壤固碳}$为评估林分中土壤年固碳量（t/年）；$S_{土壤}$为单位面积实测林分土壤固碳量[t/(hm²·年)]；A为林分面积（hm²）；F为森林生态系统服务修正系数
	释氧		$G_{氧气} = 1.19 A \times B_{年} \times F$ 式中：$G_{氧气}$为评估林分年释氧量（t/年）；$B_{年}$为实测林分净生产力[t/(hm²·年)]；A为林分面积（hm²）；F为森林生态系统服务修正系数
净化大气环境	提供负离子		$G_{负离子} = 5.256 \times 10^{15} Q_{负离子} \times A \times H \times F/L$ 式中：$G_{负离子}$为评估林分年提供负离子个数（个/年）；$Q_{负离子}$为实测林分负离子浓度（个/cm³）；A为林分面积（hm²）；H为林分高度（m）；F为森林生态系统服务修正系数；L为负离子寿命（min）
	吸收气体污染物	吸收二氧化硫	$G_{二氧化硫} = Q_{二氧化硫} \times A \times F/1\,000$ 式中：$G_{二氧化硫}$为评估林分年吸收二氧化硫量（t/年）；$Q_{二氧化硫}$为单位面积实测林分吸收二氧化硫量[kg/(hm²·年)]；A为林分面积（hm²）；F为森林生态系统服务修正系数
		吸收氟化物	$G_{氟化物} = Q_{氟化物} \times A \times F/1\,000$ 式中：$G_{氟化物}$为实测林分年吸收氟化物量（t/年）；$Q_{氟化物}$为单位面积实测林分吸收氟化物量[kg/(hm²·年)]；A为林分面积（hm²），F为森林生态系统服务修正系数
		吸收氮氧化物	$G_{氮氧化物} = Q_{氮氧化物} \times A \times F/1\,000$ 式中：$G_{氮氧化物}$为评估林分年吸收氮氧化物量（t/年）；$Q_{氮氧化物}$为单位面积实测林分年吸收氮氧化物量[kg/(hm²·年)]；A为林分面积（hm²）；F为森林生态系统服务修正系数

续表

功能类别	指标类别		计算公式和参数说明
净化大气环境	滞纳 TSP、PM$_{10}$、PM$_{2.5}$	滞纳 TSP	$G_{\text{TSP}} = Q_{\text{TSP}} \times A \times F / 1\,000$ 式中：G_{TSP} 为评估林分年潜在滞纳 TSP（总悬浮颗粒物）量（t/年）；Q_{TSP} 为实测林分单位面积年滞纳 TSP 量 [kg/(hm^2·年)]；A 为林分面积（hm^2），F 为森林生态系统服务修正系数
		滞纳 PM$_{10}$	$G_{\text{PM}_{10}} = Q_{\text{PM}_{10}} \times A \times F / 1\,000$ 式中：$G_{\text{PM}_{10}}$ 为评估林分年潜在滞纳 PM$_{10}$（直径≤10 μm 的可吸入颗粒物）量（t/年）；$Q_{\text{PM}_{10}}$ 为实测林分单位面积年滞纳 PM$_{10}$ 量 [kg/(hm^2·年)]；A 为林分面积（hm^2）；F 为森林生态系统服务修正系数
		滞纳 PM$_{2.5}$	$G_{\text{PM}_{2.5}} = Q_{\text{PM}_{2.5}} \times A \times F / 1\,000$ 式中：$G_{\text{PM}_{2.5}}$ 为评估林分年潜在滞纳 PM$_{2.5}$（直径≤2.5 μm 的可吸入肺颗粒物）量（t/年）；$Q_{\text{PM}_{2.5}}$ 为实测林分单位面积年滞纳 PM$_{2.5}$ 量 [kg/(hm^2·年)]；A 为林分面积（hm^2）；F 为森林生态系统服务修正系数
森林防护	防风固沙		$G_{\text{防风固沙}} = A_{\text{防风固沙}} \times (Y_2 - Y_1) \times F$ 式中：$G_{\text{防风固沙}}$ 为评估林分防风固沙量（t/年）；$A_{\text{防风固沙}}$ 为防风固沙林面积（hm^2）；Y_2 为无林地风蚀模数 [t/(hm^2·年)]；Y_1 为有林地风蚀模数 [t/(hm^2·年)]；F 为森林生态系统服务修正系数
	农田防护		农田防护林森林防护的实物量可折算为农作物产量（t/年）；防风固沙林可折算为牧草产量（t/年）；海岸防护林可折算为其他实物量
森林生态系统服务修正系数	森林生态系统服务修正系数		$\text{FES-CC} = \dfrac{B_e}{B_o} = \dfrac{\text{BEF} \times V}{B_o}$ 式中：FES-CC 为森林生态系统服务修正系数；B_e 为评估林分的生物量（kg/m^3）；B_o 为实测林分的生物量（kg/m^3）；BEF 为蓄积量与生物量的转换因子；V 为评估林分的蓄积量（m^3）

3.3.3 森林生态系统服务功能价值量评估公式及参数设置

本研究在森林生态系统服务功能价值量评估中，主要从森林在涵养水源、保育土壤、固碳释氧、积累营养物质、净化大气环境、森林防护、生物多样性保护和森林游憩等方面提供的生态服务功能物质量再计算出价值量进行评估见表 3-4。

表 3-4 森林生态系统服务功能价值量评估公式及参数设置

功能类别	指标类别		计算公式和参数说明
保育土壤	保土		$U_{保土} = G_{保土} \times C_土 / \rho$ 式中：$U_{保土}$为评估林分年固土价值（元/年）；$G_{保土}$评估林分年固土量（t/年）；$C_土$为挖取和运输单位体积土方所需费用（元/m³）；ρ为土壤容重（g/cm³）
	固肥	减少氮流失	$U_{肥} = G_N \times C_1 / R_1 + G_P \times C_1 / R_2 + G_K \times C_2 / R_3 + G_{有机质} \times C_3$ 式中：$U_{肥}$为评估林分年固肥价值（元/年）；G_N为评估林分固持土壤而减少的氮流失量（t/年）；C_1为磷酸二铵化肥价格（元/t）；R_1为磷酸二铵含氮量（%）；G_P为评估林分固持土壤而减少的磷流失量（t/年）；R_2为磷酸二铵化肥含磷量（%）；G_K为评估林分固持土壤而减少的钾流失量（t/年）；C_2为氯化钾化肥价格（元/t）；R_3为氯化钾化肥的含钾量（%）；$G_{有机质}$为评估林分固持土壤而减少的有机质流失量（t/年）；C_3为有机质价格（元/t）
		减少磷流失	
		减少钾流失	
		减少有机质流失	
林分养分固持	氮固持		$U_氮 = G_氮 \times C_1$ 式中：$U_氮$为评估林分氮固持价值（元/年）；$G_氮$为评估林分中氮固持量（t/年）；C_1为磷酸二铵化肥价格（元/t）
	磷固持		$U_磷 = G_磷 \times C_1$ 式中：$U_磷$为评估林分磷固持价值（元/年）；$G_磷$为评估林分中磷固持量（t/年）；C_1为磷酸二铵化肥价格（元/t）
	钾固持		$U_钾 = G_钾 \times C_2$ 式中：$U_钾$为评估林分钾固持价值（元/年）；$G_钾$为评估林分中钾固持量（t/年）；C_2为氯化钾化肥价格（元/t）
涵养水源	调节水量		$U_调 = G_调 \times C_库$ 式中：$U_调$为评估林分年调节水量价值（元/年）；$G_调$为评估林分年调节水量功能（m³/年）；$C_库$为水资源市场交易价格（元/m³）
	净化水质		$U_净 = G_净 \times K_水$ 式中：$U_净$为评估林分净化水质价值（元/年）；$G_净$为评估林分年净化水质量（m³/年）；$K_水$为水的净化费用（元/m³）
固碳释氧	固碳		$U_碳 = G_碳 \times C_碳$ 式中：$U_碳$为评估林分固碳价值（元/年）；$G_碳$为评估林分生态系统年固碳量（t/年）；$C_碳$为固碳价格（元/t）
	释氧		$U_氧 = G_氧 \times C_氧$ 式中：$U_氧$为评估林分年释氧价值（元/年）；$G_氧$为评估林分年释氧量（t/年）；$C_氧$为氧气价格（元/t）；

续表

功能类别	指标类别		计算公式和参数说明
净化大气环境	提供负离子		$U_{负离子} = 5.256 \times 10^{15} \times A \times H \times F \times K_{负离子} \times (Q_{负离子} - 600) / L$ 式中：$U_{负离子}$ 为评估林分提供负离子价格（元/年）；$G_{负离子}$ 为评估林分年提供负离子个数（个/年）；A 为林分面积（hm^2）；H 为实测林分高度（m）；F 为森林生态系统服务修正系数；$K_{负离子}$ 为生产费用（元/个）；$Q_{负离子}$ 为实测林分负离子浓度（个/cm^3）；L 为负离子寿命（min）
	吸收气体污染物	吸收二氧化硫	$U_{二氧化硫} = G_{二氧化硫} \times K_{二氧化硫}$ 式中：$U_{二氧化硫}$ 为评估林分年吸收二氧化硫价值（元/年）；$G_{二氧化硫}$ 为评估林分年吸收二氧化硫量（t/年）；$K_{二氧化硫}$ 为二氧化硫治理费用（元/t）
		吸收氟化物	$U_{氟化物} = G_{氟化物} \times K_{氟化物}$ 式中：$U_{氟化物}$ 为评估林分年吸收氟化物价值（元/年）；$G_{氟化物}$ 为评估林分年吸收氟化物量（t/年）；$K_{氟化物}$ 为氟化物治理费用（元/t）
		吸收氮氧化物	$U_{氮氧化物} = G_{氮氧化物} \times K_{氮氧化物}$ 式中：$U_{氮氧化物}$ 为评估林分年吸收氮氧化物价值（元/年）；$G_{氮氧化物}$ 为评估林分年吸收氮氧化物量（t/年）；$K_{氮氧化物}$ 为氮氧化物治理费用（元/t）
	滞纳TSP、PM_{10}、$PM_{2.5}$	滞纳TSP	$U_{滞尘} = (G_{TSP} - G_{PM_{10}} - G_{PM_{2.5}}) \times K_{TSP} + U_{PM_{10}} + U_{PM_{2.5}}$ 式中：$U_{滞尘}$ 为评估林分年潜在滞尘价值（元/年）；G_{TSP} 为评估林分年潜在滞纳TSP（总悬浮颗粒物）量（t/年）；$G_{PM_{10}}$ 为评估林分年潜在滞纳 PM_{10}（直径≤10 μm的可吸入颗粒物）量（kg/年）；$G_{PM_{2.5}}$ 为评估林分年潜在滞纳 $PM_{2.5}$（直径≤2.5 μm的可吸入肺颗粒物）量（kg/年）；K_{TSP} 为降尘清理费用（元/kg）；$U_{PM_{10}}$ 为评估林分年潜在滞纳 PM_{10} 的价值（元/年）；$U_{PM_{2.5}}$ 为评估林分年潜在滞纳 $PM_{2.5}$ 的价值（元/年）
		滞纳PM_{10}	$U_{PM_{10}} = C_{PM_{10}} \times Q_{PM_{10}}$ 式中：$C_{PM_{10}}$ 为 PM_{10} 的清理费用（元/kg）
		滞纳$PM_{2.5}$	$U_{PM_{2.5}} = C_{PM_{2.5}} \times Q_{PM_{2.5}}$ 式中：$U_{PM_{2.5}}$ 为 $PM_{2.5}$ 的清理费用（元/kg）
森林防护	防风固沙		$U_{防风固沙} = K_{防风固沙} \times G_{防风固沙}$ 式中：$U_{防风固沙}$ 为评估林分防风固沙价值（元/年）；$K_{防风固沙}$ 为固沙成本（元/t）；$G_{防风固沙}$ 为评估林分防风固沙量（t/年）
	农田防护		$U_{农田防护} = K_a \times V_a \times m_a \times A_{农}$ 式中：$U_{农田防护}$ 为评估林分农田防护功能的价值（元/年）；K_a 为平均 1 hm^2 农田防护林能够实现农田防护面积 19 hm^2；V_a 为农作物、牧草的价格（元/kg）；m_a 为农作物、牧草平均增长量 [kg/（hm^2·年）]；$A_{农}$ 为农田防护林面积（hm^2）

续表

功能类别	指标类别	计算公式和参数说明
生物多样性	物种资源保育	$U_{生} = (1+\sum_{m=1}^{x}E_m\times0.1+\sum_{n=1}^{y}B_n\times0.1+\sum_{r=1}^{z}O_r\times0.1)\times S_{生}\times A$ 式中：$U_{生}$ 为评估林分年物种资源保育价值（元/年）；E_m 为评估林分（或区域）内物种 m 的珍稀濒危指数；B_n 为评估林分（或区域）内物种 n 的特有种指数；O_r 为评估林分（或区域）内物种 r 的古树年龄指数；x 为计算珍稀濒危物种数量；y 为计算特有物种数量；r 为计算古树物种数量；$S_{生}$ 为单位面积物种资源保育价值[元/（hm²·年）]；A 为林分面积（hm²）
林产品供给	木材产品	$U_{木材产品} = \sum_{i}^{n}(A_i\times S_i\times U_i)$ $(i=1, 2, \cdots, n)$ 式中：$U_{木材产品}$ 为区域内年木材产品价值（元/年）；A_i 为第 i 种木材产品面积（hm²）；S_i 为第 i 种木材产品单位面积蓄积量[m³/（hm²·年）]；U_i 为第 i 种木材产品市场价格（元/m³）
	非木材产品	$U_{非木材产品} = \sum_{j}^{n}(A_j\times V_j\times P_j)$ $(j=1, 2, \cdots, n)$ 式中：$U_{非木材产品}$ 为区域内年非木材产品价值（元/年）；A_j 为第 j 种木材产品面积（hm²）；V_j 为第 j 种非木材产品单位面积蓄积量[m³/（hm²·年）]；P_j 为第 j 种非木材产品市场价格（元/m³）
森林康养	森林康养	$U_r = 0.8U_k$ 式中：U_r 为区域内年森林康养价值（元/年）；U_k 为各行政区林业旅游与休闲产业及森林康复疗养产业的价值，包括旅游收入、直接带动的其他产业的产值（元/年）；k 为行政区个数；0.8 为森林公园接待游客量和创造的旅游产值约占全国森林旅游总规模的80%

以下在对进行内蒙古自治区生态效益评估中，均采用以上计算方法，进行生态效益物质量和价值量的评估。

第4章 内蒙古退耕还林工程建设成效分析

20世纪80年代由于忽视了对公共资源和生态资源的管理，到了20世纪90年代以后，生态危机和资源危机集中暴发，1998年的特大洪水和20世纪90年代的沙尘暴异常严重。为了从根本上遏制生态环境恶化的趋势，保护生物的多样性，促进社会和经济的可持续发展。我国于1999年开始试点实施退耕还林工程。

4.1 内蒙古退耕还林工程实施的内容与措施

退耕还林工程是一项复杂的系统工程，主要内容和措施是治理水土流失、保护生态环境，为人类提供森林生态系统服务。内蒙古自治区退耕还林区，处于西北干旱半干旱地区。这些地区大都是老、少、边、穷地区，经济贫困、生态环境恶化，出现了严重的资源危机和经济危困的低谷之中。

4.1.1 退耕还林工程的实施概况

退耕还林工程是一项重要的生态建设工程。就是通过退耕还林（草）促进生态环境的恢复与发展。20世纪90年代后期，罕见的沙尘暴和特大的洪涝灾害对改革开放后忽视生态建设而引起的生态环境恶化问题提出了警示，1996年朱镕基同志强调"少砍树，多栽树"，"把森老虎请下山"，1997年江泽民同志提出"再造秀美山川"，也由此为退耕还林工程的实施拉开了序幕（周少舟，2008）。1999年中共中央、国务院从社会经济可持续发展的战略高度出发，确定了实施退耕还林工程的重大决策，并提出"退耕还林（草）、封山绿化，个体承包、以粮代赈"的政策措施，并在四川、陕西、甘肃三省174县开展退耕还林（草）试点，退耕还林（草）试点工程正式拉开帷幕。2000年9月，国务院发布了《关于进一步做好退耕还林还草试点工作的若干意见》（国发〔2000〕24号）。在总结试点经验的基础上，2002年4月国务院颁发了《关于进一步完善退耕还林政策措施的若干意见》（国发〔2002〕10号），退耕还林工程在25个省（自治区、直辖市）及新疆生产建设兵团全面展开，同年12月国务院颁布了《退耕还林条例》，退耕还林工作真正纳入法制化轨道。2005年4月17日，国务院办公厅发布了《关于切实搞好"五个结合"进一步巩固退耕还林成果的通知》（国办发〔2005〕25号），退耕还林进入白热化阶段。这一时期退耕还林工程的实施，使生态环境得到改善，水土流失和风沙危害减轻，输入江河的泥沙量也减少，同时，农民收入也有所增加，农村产业结构也有所调整，一些地区走上了"粮下川、林（草）上山，羊进圈"的良性发展轨道。

据统计，从 2000 年起，退耕还林工程实施 20 年来，全国完成退耕还林工程面积达到 $2.94×10^7\ hm^2$，涉及 3 200 多万家农户、近 1.24 亿名农民，资金达到 3 262 亿元，以生态脆弱区为重点的生态保护网络基本形成，有效地遏制了生态继续恶化的局面。

4.1.2 退耕还林工程建设目标、内容与措施

退耕还林工程是一项复杂的系统工程，在实施过程中，分阶段分步骤逐步推进。实施退耕还林工程初期建设目标主要有以下三个目标：一是减少水土流失面积，治理沙化土地；二是森林资源稳定增长；三是解决农民的收入问题。为了进一步巩固退耕还林建设成果，改善退耕农户生产生活条件，逐步建立起促进生态改善、农民增收和经济发展的长效机制，促进退耕还林地区经济社会可持续发展。退耕还林工程的后期建设又提出了两个目标。一是确保退耕还林成果切实得到巩固。加强林木后期管护，搞好补植补造，提高造林成活率和保存率，杜绝砍树复耕现象发生。二是确保退耕农户长远生计得到有效解决。通过加大基本口粮田建设力度、加强农村能源建设、继续推进生态移民等措施，从根本上解决退耕农户吃饭、烧柴、增收等当前和长远生活问题。

为了实现上述目标，2000 年 9 月，国务院发布了《关于进一步做好退耕还林还草试点工作的若干意见》（国发〔2000〕24 号）。在总结试点经验的基础上，2002 年 4 月国务院颁发了《关于进一步完善退耕还林政策措施的若干意见》（国发〔2002〕10 号），同年 12 月国务院颁布了《退耕还林条例》，退耕还林工作真正纳入法制化轨道。2005 年 4 月 17 日，国务院办公厅发布了《关于切实搞好"五个结合"进一步巩固退耕还林成果的通知》（国办发〔2005〕25 号），从中央到地方"坚持巩固退耕还林成果与解决退耕农户长远生计相结合；坚持国家支持与退耕农户自力更生相结合；坚持中央制定统一的基本政策与省级人民政府负总责相结合"，切实加强了对退耕还林工程的领导。

4.1.2.1 我国退耕还林工程的主要建设目标

（1）退耕还林工程退耕对象。退耕还林就是将 25°以上坡耕地、沙化耕地、盐碱化耕地，以及风景旅游地区耕地的退耕还林。通过退耕还林，恢复和重建森林生态系统，增强水源涵养功能和水土保持功能。

（2）加大基本口粮田建设力度。建设基本口粮田是解决退耕农户长远生计、巩固退耕还林成果的关键。要加大力度，力争用 5 年时间，实现具备条件的西南地区退耕农户人均不低于 0.5 亩、西北地区人均不低于 2 亩高产稳产基本口粮田的目标。对基本口粮田建设，中央安排预算内基本建设投资和巩固退耕还林成果专项资金给予补助，西南地区每亩补助 600 元，西北地区每亩补助 400 元。退耕还林有关地区要加大投入力度，加强基本口粮田建设。

4.1.2.2 我国退耕还林工程的主要政策内容

（1）继续对退耕农户直接补助。现行退耕还林粮食和生活费补助期满后，中央财政安排资金，继续对退耕农户给予适当的现金补助，解决退耕农户当前生活困难。补助标准：长江流域及南方地区每亩退耕地每年补助现金 105 元；黄河流域及北方地区每亩退耕

地每年补助现金70元。原每亩退耕地每年20元生活补助费,继续直接补助给退耕农户,并与管护任务挂钩。补助期:还生态林补助8年,还经济林补助5年,还草补助2年。根据验收结果,兑现补助资金。各地可结合本地实际,在国家规定的补助标准基础上,再适当提高补助标准。凡2006年底前退耕还林粮食和生活费补助政策已经期满的,要从2007年起发放补助;2007年以后到期的,从次年起发放补助。

(2) 建立巩固退耕还林成果专项资金。为集中力量解决影响退耕农户长远生计的突出问题,中央财政安排一定规模资金,作为巩固退耕还林成果专项资金,主要用于西部地区、京津风沙源治理区和享受西部地区政策的中部地区退耕农户的基本口粮田建设、农村能源建设、生态移民以及补植补造,并向特殊困难地区倾斜。

中央财政按照退耕地还林面积核定各省(自治区、直辖市)巩固退耕还林成果专项资金总量,并从2008年起按8年集中安排,逐年下达,包干到省。专项资金要实行专户管理,专款专用,并与原有国家各项扶持资金统筹使用。具体使用和管理办法由财政部会同国家发展和改革委员会、国务院西部地区开发领导小组办公室等部门制定,报国务院批准。

4.1.2.3 我国退耕还林工程的主要保障措施

(1) 加强农村能源建设。各地要从实际出发,因地制宜,以农村沼气建设为重点、多能互补,加强节柴灶、太阳灶建设,适当发展小水电。采取中央补助、地方配套和农民自筹相结合的方式,搞好退耕还林地区的农村能源建设。

(2) 继续推进生态移民。对居住地基本不具备生存条件的特困人口,实行易地搬迁。对西部一些经济发展明显落后,少数民族人口较多,生态位置重要的贫困地区,巩固退耕还林成果专项资金要给予重点支持。

(3) 继续扶持退耕还林地区。中央有关预算内基本建设投资和支农惠农财政资金要继续按原计划安排,统筹协调,保证相关资金能够整合使用。鼓励退耕农户和社会力量投资巩固退耕还林成果建设,允许退耕农户投资投劳兴建直接受益的生产生活设施。

(4) 调整退耕还林规划。为确保"十一五"期间耕地不少于18亿亩,原定"十一五"期间退耕还林2 000万亩的规模,除2006年已安排400万亩外,其余暂不安排。国务院有关部门要进一步摸清25°以上坡耕地的实际情况,在深入调查研究、认真总结经验的基础上,实事求是地制定退耕还林工程建设规划。

(5) 继续安排荒山造林计划。为加快国土绿化进程,推进生态建设,今后仍继续安排荒山造林、封山育林。继续按原渠道安排种苗造林补助资金,并视情况适当提高补助标准。在安排荒山造林任务的同时,地方政府要负责安排好补植补造、抚育管理、病虫害防治和工程管理等工作,并安排相应经费。在不破坏植被、造成新的水土流失的前提下,允许农民间种豆类等矮秆农作物,以耕促抚、以耕促管。

4.1.3 内蒙古退耕还林工程的组织实施

为达到上述目标,内蒙古退耕还林工程的具体措施主要有以下几项。

(1) 加强领导,落实责任。内蒙古自治区人民政府要对本地区巩固退耕还林成果、解决退耕农户长远生计工作负总责,坚持目标、任务、资金、责任"四到省"原则。市、县、乡要层层落实巩固成果的目标和责任，逐乡、逐村、逐户地狠抓落实。

（2）科学规划，统筹安排。内蒙古自治区人民政府制定切实可行的巩固退耕还林成果专项规划，重点包括退耕地区基本口粮田建设规划、农村能源建设规划、生态移民规划、农户接续产业发展规划等，并安排必要的退耕还林工作经费。规划综合考虑还林的经营管理措施和退耕农户近期生计及长远发展配套项目，坚持因地制宜，突出重点，远近结合，综合整治，并与当地新农村建设规划等各专项规划相衔接。规划报国家发展和改革委员会、国务院西部地区开发领导小组办公室、财政部等有关部门审批。经批准的规划作为安排年度项目和巩固退耕还林成果专项资金的前提和依据。退耕还林工作经费安排方案要随专项规划一并上报。

（3）强化监督，严格检查。地方各级人民政府要认真落实政策，严肃工作纪律，严格核实退耕还林面积，严格资金支出管理，严禁弄虚作假骗取和截留挪用对农户的补助资金及专项资金。对于不认真执行中央政策的，根据问题性质和情节轻重，依法追究有关责任人员，特别是地方人民政府负责人的责任。各级监察、审计部门要加强监督检查。

（4）健全机制，加强协调。建立巩固退耕还林成果部际联席会议制度，协调巩固退耕还林成果有关工作。有关部门要按照规划要求，各司其职，各负其责，加强沟通，协同配合，形成合力，确保退耕还林成果切实得到巩固，退耕农户长远生计得到有效解决。

4.2 内蒙古退耕还林工程建设成效以及对生态环境恢复的影响

内蒙古退耕还林工程区从2000年开始实施退耕还林工程，现在20多年过去了。退耕还林工程取得了哪些进展？存在着哪些问题呢？深入内蒙古自治区典型的退耕还林工程区内（典型研究区域：呼和浩特市和林县、包头市达茂旗、呼伦贝尔市阿荣旗、兴安盟科右中旗、通辽市奈曼旗、赤峰市敖汉旗、乌兰察布市卓资县、锡林郭勒盟多伦县、巴彦淖尔市乌拉特前旗、鄂尔多斯市乌审旗、乌海市、阿拉善盟阿左旗）进行实地调研，调研结果如下。

4.2.1 退耕还林工程造林面积的动态变化

内蒙古退耕还林工程实施后，由于贯彻"生态建设、生态安全、生态文明"的战略思想，坚持"退耕还林（草）、封山绿化、个体承包、以粮代赈"的指导方针，退耕还林工程取得了显著成效。本研究重点从人工造林面积、退耕地造林和投资三个方面分析。

生态目标是退耕还林工程的建设的主要目标。按照《全国生态环境建设规划》的总体规划，国家在1999—2010年用12年时间，完成退耕还林$5.0 \times 10^6 \text{ hm}^2$，由此提高全国森林覆盖率3.55%，用20年左右时间，结合退耕还林工程，将长江流域重点治理区森林覆盖率由目前的22.10%提高到45%以上；用30年左右时间，黄河流域重点治理区森林覆盖率由目前的10.10%提高到27.00%以上；构建林草生态系统，遏止水土流失，改善流域乃至整个西部生态环境，建立起与国民经济和社会可持续发展相适应的良性生态环境系统，基本实现"山川秀美"的宏伟目标。

截至2018年，内蒙古自治区累计完成封山育林面积1 723 564 hm²，完成人工造林面积2 844 171 hm²，完成退耕还林面积1 014 548 hm²。

4.2.2 退耕还林工程经济效益动态变化

为了分析内蒙古退耕还林工程建设的经济目标和社会目标，本研究重点对退耕还林林业工程所产生的第一产业产值、第二产业产值、第三产业产值这三个方面分析，这三个方面从更深层次反映了当地的经济发展情况。具体体现如下。

通过实施退耕还林工程，改变内蒙古地区长期不合理的农村产业结构，涉林第一产业、第二产业、第三产业比例逐渐合理。从1999年退耕还林工程开始实施以来，截至2018年，内蒙古自治区累计投资3 058 514万元，实现涉林第一产业产值21 267 291万元，其中，育种育苗造林7 312 575万元，木材2 593 250万元，经济林4 231 924万元；实现涉林第二产业产值13 544 263万元，其中，木材加工与制造9 905 510万元，非木质林产品加工制造830 834万元；实现涉林第三产业产值7 119 722万元，其中，旅游休闲3 260 297万元，生态服务306 153万元，林下经济2 841 557万元。

调整了农村产业结构。使农业、畜牧业、林业、果业发展与生态环境保护相协调，林业与果业的比重大幅度上升，畜牧业和粮食生产将调整到环境承载限度之内，形成经济与环境良性循环的可持续发展。

退耕还林工程促进了内蒙古地区生态和经济的发展，必将大大地提高西部地区人民生活水平，促进内蒙古地区的社会进步，缩小内蒙古地区与全国其他地区的差距，形成西部老、少、边、穷地区更加稳定的社会和政治环境。

从2000—2019年，内蒙古退耕还林工程建设的经济效益逐渐体现出来，产出远远大于投入，第二产业、第三产业快速发展，靠砍伐木材为主的第一产业萎缩，退耕还林工程建设效益非常明显。

4.3 内蒙古自治区土地利用/植被覆盖及其景观格局变化分析

对于景观划分的原则国际上并没有一个固定的标准，各国有其侧重点并自成体系。景观划分的研究多数是根据具体情况和研究目的来确定。本研究以TM影像数据为基础，因此景观的划分既要考虑研究对象的细致程度，又要兼顾遥感分类所能达到的精度。根据研究的需要，应尽量划分出耕地、林地、草地、水域、建设用地、未利用地。既考虑了景观间的内在联系，又体现了自然和非自然景观的矛盾统一。

4.3.1 土地利用/植被覆盖动态变化与分析

内蒙古各类土地利用类型在空间上呈带状分布，大兴安岭、阴山山脉是农林牧的分界线，分界线以东林地占主导，集中分布于呼伦贝尔、兴安盟；分界线以西草地占主导，主要分布于锡林郭勒；其次为未利用地，主要分布于内蒙古西部区阿拉善盟、巴彦淖尔和鄂尔多斯；林地主要集中在内蒙古东部；耕地呈带状分布于内蒙古农牧交错带以南；建设用地及水域面积较少并呈零星分布。

从土地利用现状统计（表4-1）来看，内蒙古退耕还林第一期工程实施时期，耕地面积1 149.53万hm^2，占全区总面积的10.02%，林地面积1 642.64万hm^2，占全区总面积的14.32%，草地面积5 268.67万hm^2，占全区总面积的45.94%，水域面积137.74万hm^2，占全区总面积的1.20%，建设用地面积118.84万hm^2，占全区总面积的1.04%，未利用土地面积为3 149.95万hm^2，占全区总面积的27.47%。可见，内蒙古土地资源绝对数较大，总体特征为以草地为主，其次为未利用地和林地，水域及建设用地比例较小，一方面说明内蒙古存在土地利用结构不合理、城镇规模总体偏小的问题；另一方面表明内蒙古未来可供开发利用的土地资源潜力巨大，对支持国家及自治区城镇建设及补充耕地提供了新空间。

根据内蒙古1990年、2000年与2008年三期土地利用类型的面积，利用如下公式，可以计算出内蒙古在各个时段的土地利用变化幅度。

$$R_d = \frac{U_b - U_a}{U_b} \times 100\%$$

式中：R_d为研究区某一土地利用类型的变化幅度；U_a、U_b分别为研究初期、末期某一土地利用类型的面积。

表4-1 内蒙古各土地利用类型变化幅度

土地利用类型	耕地	林地	草地	水域	建设用地	未利用地
2000年面积/万hm^2	1 136.72	1 637.02	5 299.94	146.56	112.44	3 134.7
2007年面积/万hm^2	1 149.53	1 642.64	5 268.67	137.74	118.84	3 149.95
2000—2007年变化/万hm^2	12.81	5.62	-31.27	-8.83	6.41	15.26
2000—2007年变化率/%	1.13	0.34	-0.59	-6.02	5.70	0.49

从表4-1可以看出，在2000—2007年8年间，耕地、林地、建设用地和未利用地一直处于增幅状态，草地一直处于减幅状态，林地与水域的面积在前后两个时段呈不同的变化趋势，但总体上，林地与水域面积都是减少的。

（1）耕地变化幅度。耕地面积在2000—2007年增加了12.81万hm^2，增幅趋于平缓，仅为1.13%。这主要是由于受经济利益的驱使，1999年开始实施的退耕还林（草）工程在一定程度上削弱了耕地总量的增加幅度。

（2）林地变化幅度。林地面积在天然林资源保护工程、在退耕还林（草）政策影响下，1999—2010年林地面积增加了5.62万hm^2，但增幅较小，仅为0.34%。

（3）草地变化幅度。草地面积在2000—2007年呈下降趋势，在2000—2007年减少了31.27万hm^2，降幅为0.59%。

（4）水域变化幅度。2000—2007年，水域面积减少了8.83万hm^2，减幅较大。

（5）建设用地变化幅度。建设用地面积在2000—2007年研究时段一直呈增加趋势，增加了 6.41 万 hm^2。

（6）未利用地变化幅度。未利用地面积在2000—2007年一直呈平稳增加趋势且增幅较小，在2000—2007年这个研究时段中，增幅均不足0.5%。

4.3.2 内蒙古景观格局变化分析

结合内蒙古自治区原林业厅、土地局、统计局的资料，内蒙古自治区退耕还林一期工程实施的土地利用变化有如下特点。

4.3.2.1 土地利用变化速度

动态度可以定量描述土地利用的变化速率，对预测未来土地利用变化趋势有积极的作用。根据表4-1和如下公式可以计算出内蒙古各种土地利用类型年变化率。

$$K = \frac{U_b - U_a}{U_b} \times \frac{1}{T} \times 100\%$$

式中：K 为研究区内某一土地利用类型动态度；U_a、U_b 分别为研究初期、末期某一土地利用类型的数量；T 为研究时段长。当 T 的时段设为年时，K 即为该研究区某种土地利用类型的年变化率。

4.3.2.2 土地利用变化程度

土地利用程度不仅直接反映土地利用的广度与深度，而且也反映了人类因素与自然环境因素的综合效应。根据表4-1及以下公式计算得出内蒙古2000年和2008年两期土地利用程度指数及土地利用变化程度模型。

土地利用程度指数模型表达式如下。

$$L_j = 100 \times \sum_{i=1}^{n} A_i \times C_i$$

式中：L_j 表示土地利用程度综合指数，A_i 为研究区第 i 级土地利用程度分级指数，C_i 为研究区第 i 级土地利用程度分级面积百分比；n 为土地利用程度分级数，其中，土地利用程度分级标准：未利用地为1级，林地、草地与水域为2级，耕地为3级，城镇居民点等建设用地为4级。

综合土地利用程度变化量模型如下。

$$\Delta L_{b-a} = L_b - L_a - 100 \times \left[\sum_{i=1}^{n} A_i \times C_{ib} - \sum_{i=1}^{n} A_i \times C_{ia} \right]$$

$$R = \frac{\sum_{I=1}^{N}(A_i \times C_{ib}) - \sum_{i=1}^{n}(A_i - C_{ia})}{\sum_{i=1}^{n}(A_i \times C_{ia})} \times 100\%$$

式中：ΔL_{b-a} 为研究期间该区域综合土地利用程度变化量；L_b 和 L_a 分别为研究期末和研究期初的区域土地利用程度综合指数；A_i 为第 i 级的土地利用程度分级指数；C_{ib} 和 C_{ia} 分别为该区域研究期末和研究期初的第 i 级土地利用程度面积百分比。

如果 $\Delta L_{b-a} > 0$，表示该地区土地利用尚处于成长期，未来土地利用强度提升空间较大，否则表示处于土地利用的衰退期。

内蒙古退耕还林工程建设效益评价研究

由表 4-2 可以看出，2000—2007 年内蒙古土地利用程度综合指数平均值在 184 左右，说明内蒙古后期土地利用开发潜力较大，影响范围最广的利用方式是林地、草地及水域。2000—2007 年两个时段，内蒙古土地利用程度变化量及变化率均大于零，表明内蒙古土地利用尚处于发展时期。

表 4-2 内蒙古 2000—2007 年土地利用程度综合指数及其变化

2000 年	2007 年	ΔL_{b-a}	R
184.54	184.63	0.87	0.47

转移矩阵是区域土地利用变化分析的常用方法之一，利用 GIS（地理信息系统）中的叠加分析模块，可以得到内蒙古 2000—2007 年这个研究时段的土地利用转移矩阵（表 4-3）。

表 4-3 内蒙古 2000—2007 年土地利用转移矩阵　　　　单位：万 hm^2

类型代码	耕地	林地	草地	水域	建设用地	未利用地
耕地	1.68	5.98	18.91	0.85	2.01	1.78
林地	3.38	36.98	9.69	0.21	0.35	0.29
草地	32.86	13.14	87.61	2.26	3.86	37.90
水域	1.20	0.28	2.63	7.20	0.06	10.87
建设用地	0.01	0	0.01	0.06	0.31	0.02
未利用地	4.89	0.13	27.51	2.84	0.23	1.58

（1）耕地。2000—2007 年，耕地主要转化为草地，转化面积为 18.91 万 hm^2，转化率为 60.59%，年耕地转化为林地的面积为 5.98 万 hm^2，转化率为 19.16%，说明 2000 年实施的天然林资源保护工程、退耕还林工程有效带动了耕地向林地流动，与此同时，这一时期建设用地占用耕地的现象比较严重，耕地转化为建设用地的面积达 2.01 万 hm^2，相应的转化率由 2000 年的 1.16% 上升至 2007 年的 6.44%。

（2）林地。在生态重建的大背景下，2000—2007 年内蒙古林地资源得到了很好的重视及保护，仅有小部分林地转化为草地及耕地，转移面积分别为 9.69 万 hm^2 和 3.38 万 hm^2，转移率分别为 19.04% 和 6.64%。

（3）草地。2000—2007 年草地主要流向耕地和未利用地，草地开垦为耕地的面积为 32.86 万 hm^2，仅占 2000—2007 年转化面积的 26%，相应的转化率也由 2000 年的 41.64% 下降至 2007 年的 18.50%，但是，这一时期内蒙古草地退化现象仍然严重，草地转化为未利用地面积达 37.90 万 hm^2，转化率为 21.34%。

（4）水域。2000—2007 年间水域主要转化为未利用地及草地，转化面积分别为 10.87 万 hm^2 和 2.63 万 hm^2，转化率分别为 48.86% 和 11.83%。

（5）建设用地。2000—2007 年内蒙古建设用地转化为其他土地利用类型的数量较少。

（6）未利用地。这一时期内蒙古未利用地仍然主要流向草地，转移面积为 27.51

万 hm², 转移率为 73.99%。

由此可以看出，内蒙古自治区在实施退耕还林工程以后，使土地利用结构合理化。

4.3.3 小结

经过实施退耕还林工程，工程区土地利用/植被覆盖及其景观格局变化分析，退耕还林工程的整体变化情况是，实施退耕还林工程后，林地得到了有效保护，各地的林地都有显著增长，也由于开始实行的退耕还林（草）工程政策，在一定程度上削弱了耕地总量的增加幅度；草地、水域、未利用地面积均在不同程度上减少，建设用地一直在持续增长，这表明一方面由于我国加快了城镇化建设力度，另一方面也由于房地产市场的快速发展，建设用地占用耕地现象明显。

4.4 退耕还林工程区群落特征的研究

生物多样性指一个区域内所有的植物、动物、微生物以及各个所拥有的基因和由各种生物与环境相互作用形成的生态系统，包括 3 个层次，即遗传多样性、物种多样性和生态系统多样性。本章所研究的生物多样性为物种多样性。物种多样性是一个群落结构和功能复杂性的度量，是生态系统多样性研究的核心内容。通过对群落物种多样性的研究可以很好地认识群落的组成、变化和发展。

本章以退耕还林工程不同树种的林下植被为研究对象，研究物种多样性、多样性指数间的关系等，以期通过对该地的生物多样性的分析，了解该地群落的组成、结构和变化，对退耕还林工程区群落特征的研究主要对物种重要值和植物群落的多样性指数进行分析。

重要值：查群落的特征数据，计算其重要值，以物种重要值确定群落主要成分，并以优势植物来区分群落，分析其动态变化，具体公式如下。

$$相对频度（Rn）= \frac{物种 i 的频度}{全部种的频度之和} \times 100$$

$$相对密度（R\omega）= \frac{物种 i 的个体数目}{全部植物的个体数目} \times 100$$

$$相对盖度（Rc）= \frac{物种 i 的盖度}{全部种的盖度之和} \times 100$$

$$相对高度（Rh）= \frac{物种 i 的平均高度}{全部种的平均高度之和} \times 100$$

$$相对优势度（Rf）= \frac{相对密度 + 相对盖度 + 相对高度 + 相对频度}{400}$$

$$重要值（IV）= Rn + R\omega + Rf$$

植物群落物种多样性指数：物种多样性是度量一个群落结构和功能复杂性的指标，对物种多样性的研究可以更好地认识群落的组成、变化和发展。选取表征群落物种多样性、均匀度、丰富度的 3 个多样性指数对样地群落的物种多样性进行分析。选取的指数有 Shannon-Wiener 物种多样性指数；Pielou 均匀度指数；Margalef 丰富度指数。各指数具体计算公式如下。

$$\text{MargaJef 丰富度指数}（\sigma）=（S-1）/\ln N$$
$$\text{Shannon-Wiener 物种多样性指数}（H）=-\sum（N_i/N）\ln（N_i/N）$$
$$\text{Pielou 均匀度指数}（Jh）=H/\ln S$$

式中：S 为群落中的总种数；N_i 为第 i 种的个体总数；N 为观察到的总个体数。

4.4.1 群落物种组成与重要值分析

内蒙古退耕还林工程区主要以云杉、落叶松、樟子松、桦木、柏木、油松、硬阔类、栎类、杨树、软阔类、经济林、杂木和灌木等树种为主，研究地区除乔木层以外，还有灌木层、草本层。林下植被对于促进整个系统的物种多样性显得很重要。林下植被的优势种组成差异在一定程度上反映着群落的结构多样性特征。采用重要值作为种群优势度指标可以比较全面地反映植被不同的发育时期种群在群落中的功能地位和种群在群落中的分布格局。内蒙古退耕还林工程区有野生动物 400 余种，野生植物 1 000 余种，是我国高纬度地区不可多得的野生动植物生存区域。由于内蒙古地域辽阔，东西跨度大，各地的优势种群又不相同，而且不是本研究的重点，因而本研究只列出优势种群，由于内蒙古退耕还林区东、西部特殊的地理位置和特殊的环境条件，其生物地理成分、区系成分复杂多样，生物种质资源极为丰富。

计算分析不同密度退耕还林工程区内林下植物的物种组成及其重要值（表 4-4），结果表明，随着林分密度的增大，林内光照减少，灌木、草本层物种组成发生变化。灌木层中的阳性植物逐渐消失，这是由于林下植被营养空间改变，植物种间竞争加剧，造成部分阳性植物衰退。

表 4-4 内蒙古退耕还林工程区林下物种及其重要值

样地编号	林分密度	种类			优势种	重要值
		乔木	灌木	草本		
8080001	高	3~5	7~14	9~15	5	>0.5
8080002	高	3~7	6~15	7~15	4	>0.5
8080003	高	4~7	5~13	9~20	4	>0.5
8080004	中	5~9	6~15	10~25	3	>0.5
8080005	中	5~11	7~16	12~31	8	>0.5
8080006	中	5~10	5~15	15~28	7	>0.5
8080007	低	7~11	9~25	13~25	9	>0.5
8080008	低	8~13	9~22	16~32	8	>0.5
8080009	低	7~13	8~21	15~37	8	>0.5

从整体来看，实施退耕还林工程后，促进了植被的正向演替，最终形成乔、灌、草结合的稳定群落系统。主要乔木树种：落叶松、樟子松、白桦、枫桦、岳桦、山杨、柞树、

黑桦、杨树、甜杨、钻天柳等。主要灌木树种和草本层的植物相对比较丰富，而且各个地方的优势种，其重要值差异较大，这里不一一列出。

4.4.2 不同林地物种的 α-多样性分析

物种多样性是群落生态组织水平独特的可测定的特征之一，是度量一个群落结构和功能复杂性的指标，对物种多样性的研究可以更好地认识群落的组成、变化和发展。物种多样性具有两种含义，其一是种的数目或丰富度，指一个群落或生境中物种数目的多寡；其二是种的均匀度，指一个群落或生境中全部物种个体数目的分配状况，它反映的是各物种个体数目分配的均匀度。多样性指数正是反映丰富度的综合指标。一般来说，将反映群落中物种丰富度和个体在各物种中分布均匀程度的指标称为 α-多样性。

衡量生物多样性的指标很多，本研究主要通过物种丰富度、物种多样性、群落均匀度等来综合衡量植被群落乔、灌、草层的生物多样性特征。

将整个调查地区的所有植被类型作为一个总体，分析乔、灌、草不同层次的生物多样性特征。种类组成是植被最基本、最重要的特征之一，是植被形成的物质基础。任何一种植被都是由一定数量的种类组建而成的。物种丰富度指某一植被拥有或单位面积内拥有的物种数，也称种的饱和度。

Gleason 丰富度指数为考虑到取样面积后的物种数。因为物种丰富度虽然能直观地反映植物多样性的特点，但往往受样地面积影响较大。样地面积不一样时，缺少可比性。大通县乔木层基本上十分均一，取样面积对乔木种数基本上没有影响，因此在计算时取与灌木、草本样方相同的计算面积。

从研究植物群落学特征的角度出发，这里的物种多样性指一个群落中的物种数目和各物种的个体数目分配的均匀度。物种多样性是一个很重要的概念，它不仅反映了群落组成中物种的丰富程度，也反映了不同自然地理条件与群落的相互关系，以及群落的稳定性与动态，是群落组织结构的重要特征。在讨论群落物种多样性时，必须同时考虑群落中的个体均匀程度，即群落均匀度。

林下植被对于促进整个系统的物种多样性，特别是人工林系统的多样性显得很重要。而物种多样性是度量一个群落结构和功能复杂性的指标，对物种多样性的研究可以更好地认识群落的组成、变化和发展。

从表 4-5 可以看出，不同样地林下草本植物群落中，Shannon Wiener 多样性指数、Pielou 均匀度指数和 Margalef 丰富度指数的变化趋势基本一致。低密度＞中密度＞高密度。由此可见，在退耕还林工程区可以使生态效益与经济效益兼顾，有效地形成林草复合体系，对促进林下植被的恢复效果佳。

表 4-5　内蒙古退耕还林工程区物种多样性分析

样地编号	林分密度	类型层次	乔木	灌木	草木
8080001	高	Gleason 丰富度指数	0.33	0.33	6.21
		Shannon-Wiener 多样性指数	0	0	2.02
		Sheldon 均匀度指数	1	1	0.76

续表

样地编号	林分密度	类型层次	乔木	灌木	草木
8080002	高	Gleason 丰富度指数	9.79	12.30	13.40
		Shannon-Wiener 多样性指数	2.36	2.61	2.79
		Sheldon 均匀度指数	0.73	0.74	0.72
8080003	高	Gleason 丰富度指数	0.33	0.33	10.56
		Shannon-Wiener 多样性指数	0	0	2.56
		Sheldon 均匀度指数	1	1	0.76
8080004	中	Gleason 丰富度指数	0.33	0.33	14.29
		Shannon-Wiener 多样性指数	0	0	2.86
		Sheldon 均匀度指数	1	1	0.76
8080005	中	Gleason 丰富度指数	0.33	9.14	8.08
		Shannon-Wiener 多样性指数	0	2.65	2.30
		Sheldon 均匀度指数	1	0.75	0.77
8080006	中	Gleason 丰富度指数	0.34	9.13	8.09
		Shannon-Wiener 多样性指数	0	2.66	2.31
		Sheldon 均匀度指数	1	0.74	0.76
8080007	低	Gleason 丰富度指数	0.34	9.02	2.30
		Shannon-Wiener 多样性指数	0.01	2.82	2.91
		Sheldon 均匀度指数	1	0.54	0.77
8080008	低	Gleason 丰富度指数	0.35	8.05	8.05
		Shannon-Wiener 多样性指数	0.02	2.80	2.90
		Sheldon 均匀度指数	1	0.75	0.73
8080009	低	Gleason 丰富度指数	0.35	9.5	8.5
		Shannon-Wiener 多样性指数	0.02	2.88	2.90
		Sheldon 均匀度指数	1	0.55	0.79

林分内物种丰富度大小标志着林分多样性的复杂程度。物种丰富度指数值越大，则林分内植物种类越多，多样性越复杂。退耕还林工程区包括乔木层、灌木层和草本层3个层次，乔木层树种比较单一，有3~7个，灌木层与草本层间的植物物种丰富度存在明显差异，灌木层物种有7~17个，草本层物种有9~14个。从样地可以看出，随着林分密度的增大，灌木层和草本层物种丰富度均有减小的趋势，在中密度时，灌木层与草本层物种丰富度达到最大，说明在此密度下，林内的光照与水分条件，可能对下层植物的生长较为有利。高密度时，林分郁闭度增大，光照条件变差，阳性植物生长受到抑制，灌木与草本植物种类逐渐减少，导致丰富度降低。

从样地也可以看出，林分密度对灌木、草本层植物多样性有一定影响。随着林分密度的增大，灌木层多样性指数均先增大后减小，草本层则出现先增大后减小再增大的趋势，这可能是由林地微生境差异引起的。在林分密度为 1 717~1 867 株/hm² 时，各层多样性指数达到最大；当密度大于 1 867 株/hm² 时，多样性指数又逐渐减小，这与林分密度增大、林分郁闭作用增强、林下植被获取光照资源的机会减少有很大关系。随着林分密度的增大，林下物种数逐渐减少，灌木、草本层物种组成发生变化。不同密度的林下灌木层和草本层植物丰富度指数、多样性指数，随林分密度的增加基本表现出减小趋势。各指数与林分密度的相关性分析表明，灌木层和草本层的丰富度指数、草本层的均匀度指数与林分密度均表现出较高的相关性，其中草本层均匀度指数与密度呈显著负相关关系。随着林分密度的增大，林下共有物种减少，相似系数逐渐降低。密度对人工油松林林下植物多样性有一定影响，但未达到显著水平；中密度下物种丰富度指数、多样性指数、Alatalo 指数均达到最高，表明此密度是林下植被生长发育较为合适的密度，能够保障林下植物多样性的维持。

4.4.3 退耕还林工程区林地生物量研究

生物量泛指单位面积上所有生物有机体的干重（冯宗炜 等，1999）。植被生物量是生态系统最重要的数量特征之一，也是研究生态系统物质循环、能量流动和生产力的基础。对森林生态系统生物量和生产力的大规模研究，是从 20 世纪 60 年代中期 IBP（国际生物学计划）中关于不同类型森林生物量和生产力的调查和研究开始的。到了 70 年代后期，随着 IBP 在许多发达国家的实施，使森林生物量和生产力的研究工作得到了很大的发展。

此后在 IBP 和 MAB（人与生物圈）推动下，生物量的研究发展迅速。有关学者研究了地球上主要森林植被类型的生物量和生产力及其区域地理分布规律、植被生产力与气候因子和植物群落分布之间的关系，估算了地球生物圈的生物总量，为了解全球森林生态系统生物量和生产力的分布格局奠定了基础。

我国对森林生物量和生产力的研究直至 20 世纪 70 年代末期才有报道。最早是对杉木人工林的研究，其后是对马尾松人工林的研究，以及对长白山温带天然林的研究，使我国森林生态系统生物量的研究在人工林和天然林两个方面都得到了发展。先后建立了主要森林树种生物量测定相对生长方程，估算了其生物量，冯宗炜等（1999）总结了全国不同森林类型的生物量及其分布格局。其后，又有许多学者对我国不同区域的不同类型森林群落生物量和生产力进行了研究。

目前，在我国有关研究者对几十种树种的生物量进行了研究，以天然林为主，本研究以退耕还林工程区设立的 10 个样地为研究对象，进行调查研究。

4.4.3.1 退耕还林工程区乔灌层生物量对比

由表 4-6 可以看出，由于受林种本身的生物学特性的影响，不同植物群落生物量的积累具有明显的差异。对于根系发达的树种，深可达十几米，根系生物量可达 11 403.5 kg/hm²，约为地上部分的 1.6 倍，其他树种的生物量均为地上部分大于地下部分。根系发达的树种对改善土壤环境，减少水土流失具有重要作用。退耕还林工程实施后，退耕还林工程区优势树种乔灌层生物量均有所增加。

表 4-6 退耕还林工程区优势树种乔灌层生物量对比

样地编号	器官	鲜生物量/(kg/hm²)		样品鲜重/g		样品干重/g		植物含水量/g		干生物量/(kg/hm²)	
		2000年	2010年	2000年	2010年	2000年	2010年	2000年	2010年	2000年	2010年
8080001	枝叶	6 305.1	6 535.3	162.5	170.3	70.1	72.1	31.6	35.5	3 406.6	4 011.2
	茎干	3 219.8	3 322.2	107.1	110.4	85.4	88.2	20.2	23.4	1 670.0	1 701.9
	根	2 370.9	2 543.2	159.5	166.6	72.0	73.5	28.4	29.3	1 586.9	1 598.5
8080002	枝叶	4 130.3	4 245.6	173.4	179.4	71.1	73.2	32.2	33.5	1 544.1	1 622.6
	茎干	2 231.0	2 345.3	108.4	113.4	86.2	87.8	21.5	24.3	999.2	1 120.2
	根	4 218.1	4 454.3	187.4	190.2	73.3	75.3	28.9	30.3	1 554.9	1 579.3
8080003	枝叶	4 630.7	4 754.4	186.9	190.3	55.1	58.0	36.5	38.2	2 940.5	3 010.3
	茎干	3 428.6	3 675.9	91.6	115.6	107.8	110.3	33.3	35.3	2 287.1	2 365.5
	根	8 845.1	11 403.5	174.0	183.3	53.5	55.4	43.1	45.4	3 895.9	4 100.4
8080004	枝叶	3 126.7	3 423.0	79.4	85.5	42.9	44.3	46.0	47.8	1 454.5	1 534.4
	茎干	2 227.4	3 324.1	107.4	119.6	80.8	83.2	24.2	25.4	978.7	1 012.2
	根	5 215.1	5 433.2	72.9	80.4	40.5	46.7	44.4	48.1	2 317.2	1 432.5
8080005	枝叶	2 052.0	2 254.9	120.7	131.4	72.8	73.6	39.7	40.8	1 452.8	1 478.5
	茎干	1 490.8	1 934.3	83.6	85.6	58.1	59.5	31.6	33.4	735.6	911.2
	根	3 348.9	3 544.4	109.1	120.3	61.5	63.4	43.6	45.7	1 196.7	1 210.4
8080006	枝叶	2 064.8	2 232.1	95.3	105.1	66.5	68.3	30.2	34.1	942.8	1 010.3
	茎干	1 725.1	1 832.0	99.6	109.4	81.0	84.3	18.7	20.6	789.8	820.5
	根	2 042.5	2 234.1	93.5	104.3	68.3	69.8	26.9	28.4	961.8	1 012.3
8080007	枝叶	1 928.7	1 933.2	132.2	155.3	70.2	73.3	46.9	47.9	979.2	1 080.7
	茎干	1 439.3	1 455.2	76.8	78.4	54.5	56.4	29.0	31.0	731.1	812.3
	根	1 605.4	1 712.4	110.9	118.6	41.7	43.5	62.4	63.4	879.7	901.3
8080008	枝叶	1 748.2	1 755.1	116.1	120.7	111.6	115.4	36.6	38.4	876.4	967.7
	茎干	777.1	879.9	84.7	91.1	66.1	68.5	30.2	32.3	338.4	400.8
	根	2 432.8	2 544.3	92.5	112.2	55.4	57.6	45.9	47.4	1 737.5	1 715.6
8080009	枝叶	2 421.7	2 565.4	116.3	123.9	62.5	63.5	46.3	48.5	1 637.6	1 734.5
	茎干	705.6	989.5	67.5	75.4	48.5	49.5	28.2	29.4	365.2	435.6
	根	1 320.7	1 454.5	97.5	112.5	37.1	39.5	62.0	65.8	882.5	987.5

4.4.3.2 退耕还林工程区草本层生物量对比

草本层是土壤表层的草本植物，它是阻止雨水引起的溅蚀、板结的最后屏障，它能有效消除经乔木截留后雨滴最后的能量，并能阻止径流的产生，防止径流侵蚀。

内蒙古自治区位于温带草原地带，东西跨度大，草本的高度一般在40 cm左右，不同地区的林地林带间的草本群落差异较大，导致带间草本层的生物量也变化较大（表4-7）。

表4-7 退耕还林工程区草本层生物量对比

样地编号	年度	鲜生物量/(kg/hm^2)	样品鲜重/g	样品干重/g	植物含水量/%	干生物量/(kg/hm^2)
8080001	2000年	2 594.4	67.9	41.8	38.1	1 623.5
	2010年	2 673.7	71.2	44.3	40.7	1 733.6
8080002	2000年	1 898.4	52.2	32.6	38.6	1 178.2
	2010年	1 988.0	55.7	40.7	41.6	1 266.7
8080003	2000年	1 787.1	53.6	29.8	44.0	1 011.1
	2010年	1 854.4	56.7	34.5	49.0	1 123.0
8080004	2000年	1 743.4	50.3	33.1	34.2	1 158.8
	2010年	1 865.7	57.32	38.6	40.8	1 233.1
8080005	2000年	1 718.6	59.1	36.4	37.3	1 087.6
	2010年	2 021.4	70.5	43.6	43.1	1 145.6
8080006	2000年	1 718.6	42.9	26.7	37.8	1 080.4
	2010年	1 800.4	50.4	30.5	40.1	1 145.7
8080007	2000年	1 276.1	45.7	30.6	33.0	863.2
	2010年	1 400.5	50.3	33.6	45.0	903.3
8080008	2000年	1 189.0	43.1	30.5	29.2	849.9
	2010年	1 200.5	47.1	33.4	40.6	910.1
8080009	2000年	1 311.3	46.4	31.0	34.1	873.8
	2010年	1 388.4	50.2	38.9	38.4	1 004.5

由表4-7可见，内蒙古自治区实施退耕还林工程以来，改善了当地的生态环境，2007年林下草本植物量明显高于2000年，在同一时间段内，林分密度高，鲜生物量、样品鲜重、样品干重、干生物量几项指标明显大于林分密度低的，高密度＞中密度＞低密度，由此可见，实施退耕还林工程，提高了草本层的生物量，生态环境得到有效恢复。

4.4.3.3 退耕还林工程区枯落物生物量测定

枯枝落叶层是指覆盖在林地矿质土壤表层上的未分解的、半分解的、完全分解的凋落物，它是群落植被地上部分各器官的枯死脱落物的总称。降水经过林分植冠层的层层截留后落到枯枝落叶层上，由于枯枝落叶层增加了地表粗糙度，因此避免了雨水对土壤的直接溅蚀作用，延长了水分下渗的时间，阻留和减缓了地表径流的流速。同时，由于枯枝落叶层覆盖地表，可以减少林地表层土壤水分的蒸发，并且枯枝落叶层的分解物增加了土壤养分，从而改善了土壤结构，增加了林地土壤贮水保水作用。因此，枯枝落叶层截留降雨的行为是枯枝落叶层的水文生态重要功能之一。

从表4-8可以看出,在退耕还林工程区内,枯落物的积累不同,高密度>中密度>低密度;从动态变化来看,退耕还林工程的实施,对于植被恢复起到了非常大的作用。可以看出,密度对生物量影响大,很明显通过生态恢复,可以提高林下的枯落物量和草本层的生物量,形成乔木-草本-枯落物、灌木-草本-枯落物的复合截留体系,使其截留量随着林地年限的增加而逐渐增大。且枯落物增多,可有效地促进雨水的下渗,减少地表径流的产生,阻留和减缓了地表径流的流速。并且枯枝落叶层的分解物增加了土壤养分,从而改善了土壤结构,增加了林地土壤贮水保水作用。

表4-8 内蒙古退耕还林工程区样地枯落物生物量

样地编号	年度	鲜生物量/(kg/hm²)	样品鲜重/g	样品干重/g	干生物量/(kg/hm²)
8080001	2000年	969.4	96.9	76.8	768.5
	2010年	1 010.5	105.4	78.6	854.4
8080002	2000年	2 082.4	208.2	190.0	1 900.2
	2010年	2 539.7	234.3	210.4	1 900.2
8080003	2000年	866.1	87.6	79.0	790.0
	2010年	1 012.4	93.5	88.3	810.2
8080004	2000年	866.3	87.2	79.0	790.4
	2010年	987.2	89.6	91.2	810.1
8080005	2000年	623.7	93.6	73.1	491.81
	2010年	721.3	95.5	77.4	498.3
8080006	2000年	537.3	534.4	45.71	457.1
	2010年	575.5	55.4	65.4	464.5
8080007	2000年	347.4	34.9	31.67	316.7
	2010年	458.3	37.3	41.2	343.2
8080008	2000年	363.7	36.2	31.5	315.9
	2010年	421.1	37.6	43.2	345.3
8080009	2000年	364.0	36.5	31.5	315.9
	2010年	464.9	42.5	34.4	334.2

4.4.4 小结

森林植物群落指在特定的生境中,以林木为主体,包括与之相适应的其他植物在内的植物组合。

随着林分密度的增大,林内光照减少,灌木、草本层物种组成发生变化。灌木层中的阳性植物逐渐消失,这是由于林下植被营养空间改变,植物种间竞争加剧,造成部分阳性植物衰退。从整体来看，实施退耕还林工程后，促进了植被的正向演替，最终形成乔、灌、草结合的稳定群落系统。

不同样地林下草本植物群落中，Shannon Wiener 多样性指数、Pielou 均匀度指数和 Margalef 丰富度指数的变化趋势基本一致。低密度＞中密度＞高密度。由此可见，在退耕还林工程区可以使生态效益与经济效益兼顾，有效地形成林草复合体系，对促进林下植被的恢复效果佳。

从样地也可以看出，林分密度对灌木、草本层植物多样性有一定影响。随着林分密度的增大，灌木层多样性指数均先增大后减小，草本层则出现先增大后减小再增大的趋势，这可能是由林地微生境差异引起的。随着林分密度的增大，林下物种数逐渐减少，灌木、草本层物种组成发生变化。不同密度的林下灌木层和草本层植物丰富度指数、多样性指数，随林分密度的增加基本表现出减小趋势。各指数与林分密度的相关性分析表明，灌木层和草本层的丰富度指数、草本层的均匀度指数与林分密度均表现出较高的相关性，其中草本层均匀度指数与密度呈显著负相关。随着林分密度的增大，林下共有物种减少，相似系数逐渐降低。密度对人工油松林林下植物多样性有一定影响，但未达到显著水平；中密度下物种丰富度指数、多样性指数、Alatalo 指数均达到最高，表明此密度是林下植被生长发育较为合适的密度，能够保障林下植物多样性的维持。

由于受林种本身的生物学特性的影响，不同植物群落生物量的积累具有明显的差异。对于根系发达的树种，深可达十几米，其他树种的生物量均为地上部分大于地下部分。根系发达的树种对改善土壤环境，减少水土流失具有重要作用。退耕还林工程实施后，工程区优势树种乔灌层生物量均有所增加。

退耕还林工程实施以来，改善了当地的生态环境，2007 年林下草本植物量明显高于 2000 年，在同一时间段内，林分密度高，鲜生物量、样品鲜重、样品干重、干生物量几项指标明显大于林分密度低的，高密度＞中密度＞低密度，由此可见，实施退耕还林工程，对提高草本层的生物量有较大的作用，生态环境得到有效的恢复。

在退耕还林工程区内，枯落物的积累不同，高密度＞中密度＞低密度；从动态变化来看，退耕还林工程的实施，对于植被恢复起到了非常大的作用。可以看出，密度对生物量影响大，很明显通过生态恢复，可以提高林下的枯落物量和草本层的生物量，形成乔木-草本-枯落物、灌木-草本-枯落物的复合截留体系，使其截留量随着林地年限的增加而逐渐增大。且枯落物增多，可有效地促进雨水的下渗，减少地表径流的产生，阻留和减缓了地表径流的流速。并且枯枝落叶层的分解物增加了土壤养分，从而改善了土壤结构，增加了林地土壤贮水保水作用。

4.5 退耕还林工程区土壤恢复特征的研究

土壤肥力是土壤的本质属性，也是陆地生态系统物质能量循环的中心环节，它不只对绿色植物生产有直接的决定性作用，对人们的经济生活也有着重要影响。许多自然和人为的生态过程如植被演替、气候波动、土地利用变化等都显著影响土壤肥力的时空演变。其中土地利用方式和管理水平是影响土壤肥力变化最普遍、最直接、最深刻的因素，可以导致土壤养分退化、水土流失、土壤沙化等退化现象，亦可达到提高土壤肥力、改善生态环境的目的。

实施退耕还林工程后，由于下垫面条件的改变，必然使土壤理化性质发生变化，从而会影响到区域物质迁移转化规律，其土壤变化效应研究对区域水土资源的合理利用和保护具有重要意义。进行植被恢复和重建，将有利于降低土壤pH值，促进土壤正向发育；有助于提高土地生产力，减缓水土流失，对生态环境的改善有着重要的实践意义。土壤物理性质作为土壤环境的一部分，对植被恢复有着极其重要的作用。

4.5.1 内蒙古退耕还林工程区土壤恢复特征的研究

（1）退耕还林工程对土壤孔隙度的影响。内蒙古自治区东西跨度大，气候区域差异显著。由东到西分异出森林灰化土及森林草原黑钙土地带、典型草原栗钙土地带、荒漠草原棕钙土地带、草原化荒漠钙土地带和荒漠土地带等土地资源景观（自然带），其面积分别约占自治区总土地面积的28.7%、36.9%、11.4%、3.6%和19.4%。这些按自然地带划分的土地资源类型，其利用方式、土地产出水平有着明显差异。

土壤中的孔隙是土壤中水分和空气的通道和存在场所。土壤孔隙度的大小，决定着土壤水分和空气的含量及通透性的好坏。土壤的通气性、保水性、透水性以及植物根系的伸展，都受土壤孔隙的影响。因此，土壤孔隙分布是土壤基质最重要的特征之一，是土壤的重要指标。

由表4-9可知，同一立地条件下，不同密度之间存在较大的差别，高密度＞中密度＞低密度；从不同土地利用类型来看[0, 20) cm土层土壤总孔隙度＞[20, 40) cm土层土壤总孔隙度＞[40, 60] cm土层土壤总孔隙度；从不同时间段来看，2010年土壤总孔隙度＞1999年土壤总孔隙度。可见，退耕还林工程实施后，由于不同植物群落类型根系的穿插作用，使土壤中形成了许多大的孔隙，特别是根系残体、分泌物等对土壤颗粒的胶结作用，促使形成了更多的大孔隙，提高了土壤的入渗性能，增强了保育水土的能力。从非毛管孔隙度含量来看，各种地类均为表层大于下层，但是整体变幅不大，这有利于下渗过程的持续进行，特别是高强度暴雨，可以有效削减径流、蓄水保墒，反过来也促进了植被自身的正常生长发育。

表4-9 内蒙古退耕还林工程区土壤孔隙度

样地编号	林分密度	土层深度/cm 1999—2010年	总孔隙度/% 1999年	总孔隙度/% 2010年	毛管孔隙度/% 1999年	毛管孔隙度/% 2010年	非毛管孔隙度/% 1999年	非毛管孔隙度/% 2010年
8080001	高	[0, 20)	53.60	54.70	50.60	53.22	9.00	11.45
		[20, 40)	52.90	52.80	44.30	50.23	7.60	10.43
		[40, 60]	51.90	53.88	41.30	43.21	7.60	9.76
8080002	高	[0, 20)	52.90	53.88	48.90	50.35	8.00	9.65
		[20, 40)	52.50	53.45	47.90	50.01	7.60	8.56
		[40, 60]	51.80	52.77	44.90	49.56	8.90	8.56

续表

样地编号	林分密度	土层深度/cm 1999—2010年	总孔隙度/% 1999年	总孔隙度/% 2010年	毛管孔隙度/% 1999年	毛管孔隙度/% 2010年	非毛管孔隙度/% 1999年	非毛管孔隙度/% 2010年
8080003	高	[0, 20)	52.90	55.12	48.40	50.46	9.50	8.55
		[20, 40)	52.80	52.18	47.40	49.33	8.40	8.54
		[40, 60]	51.40	52.80	45.40	46.35	7.00	8.45
8080004	中	[0, 20)	53.20	54.22	48.40	47.88	6.80	8.34
		[20, 40)	52.40	53.40	47.80	48.98	8.60	8.45
		[40, 60]	50.40	51.22	46.60	46.88	7.80	7.43
008080005	中	[0, 20)	51.10	52.22	52.50	53.12	6.60	7.21
		[20, 40)	50.70	51.34	47.40	48.14	4.30	7.54
		[40, 60]	49.40	50.89	45.10	46.23	4.30	7.34
8080006	中	[0, 20)	50.90	51.89	50.90	51.54	6.00	6.43
		[20, 40)	50.70	51.78	46.00	46.78	4.30	5.78
		[40, 60]	50.20	51.35	47.90	46.88	3.50	5.55
8080007	低	[0, 20)	49.20	51.21	46.70	50.44	5.90	7.55
		[20, 40)	49.20	50.98	48.30	49.65	6.60	7.44
		[40, 60]	49.10	50.78	49.30	46.98	5.60	7.12
8080008	低	[0, 20)	50.70	52.43	49.10	50.10	5.20	6.33
		[20, 40)	50.10	51.32	48.50	49.56	5.20	6.12
		[40, 60]	49.70	50.86	47.50	48.54	4.20	6.11
8080009	低	[0, 20)	51.50	53.21	46.30	47.76	5.50	6.10
		[20, 40)	50.80	52.56	46.70	47.55	5.40	5.43
		[40, 60]	50.20	51.21	43.70	46.23	4.60	5.55

（2）退耕还林工程对土壤机械组成的影响。土壤颗粒是组成土壤的物质基础和土壤组成的骨干，占土壤总量的85%以上。土壤颗粒的组成、性质及排列形式，又决定着土壤的物理、化学和生物特性，与植物生长发育所需要的水分、空气、热量及养分的关系十分密切。组成土壤的各种大小不同的颗粒，主要为矿质颗粒，据土壤颗粒直径大小，一般可把土粒分为砂粒、粉粒和黏粒3级，土壤机械组成是指土壤中各级土粒的百分含量，又称土壤质地，是土壤矿物质部分的重要特性之一。

土壤机械组成分析就是为了测定不同直径土壤颗粒的组成，确定土壤的质地直接影响土壤水、肥、气、热的保持和运动,并与作物的生长发育有密切的关系。许多研究表明,黏粒具有较大的表面积,黏结力很强,在水稳性团聚体形成过程中具有重要作用。按照中国科学院南京土壤研究所1975年制定的粒级划分方案,退耕还林工程区林地土壤的机械组成如表4-10所示。

表4-10 内蒙古退耕还林工程区林地土壤机械组成

样地编号/林分密度	土层深度/cm	年份	各级微团体含量百分比/%					
			<0.001 mm	[0.001, 0.005) mm	[0.005, 0.01) mm	[0.01, 0.05) mm	[0.05, 0.1) mm	>0.1 mm
8080001/高	[0, 20)	1999年	0.81	2.49	8.44	67.10	14.03	0.28
		2010年	0.98	2.55	9.22	68.32	18.66	0.33
	[20, 40)	1999年	0.95	2.89	9.68	66.67	11.84	0.26
		2010年	1.06	2.99	10.12	70.34	19.34	0.45
	[40, 60]	1999年	0.78	2.62	6.93	63.02	19.72	0.63
		2010年	0.95	2.68	7.01	65.11	20.33	0.64
8080002/高	[0, 20)	1999年	0.96	3.39	11.38	65.94	9.19	0.21
		2010年	0.98	3.40	11.38	66.12	10.10	0.24
	[20, 40)	1999年	0.92	3.17	9.97	69.17	8.90	0.14
		2010年	1.08	3.25	10.21	70.11	9.90	0.20
	[40, 60]	1999年	0.84	2.79	8.68	69.26	11.34	0.19
		2010年	0.86	2.80	9.88	70.11	11.44	0.20
8080003/高	[0, 20)	1999年	0.79	2.56	8.09	68.83	13.13	0.15
		2010年	0.82	2.60	8.08	69.10	13.55	0.19
	[20, 40)	1999年	0.91	3.13	10.55	68.26	8.98	0.12
		2010年	1.19	3.99	11.22	69.32	9.44	0.19
	[40, 60]	1999年	0.84	2.82	10.41	70.54	7.62	0.08
		2010年	0.87	2.89	11.01	70.88	7.88	0.10
8080004/中	[0, 20)	1999年	0.71	2.31	6.85	70.13	14.23	0.13
		2010年	0.79	2.39	7.01	70.23	14.55	0.15
	[20, 40)	1999年	0.68	2.32	7.13	71.46	12.59	0.07
		2010年	0.76	2.58	7.23	72.76	12.98	0.08
	[40, 60]	1999年	0.70	2.42	7.12	71.58	12.21	0.07
		2010年	0.89	2.86	8.23	73.23	13.76	0.10

续表

样地编号/林分密度	土层深度/cm	年份	各级微团体含量百分比/%					
			<0.001 mm	[0.001, 0.005) mm	[0.005, 0.01) mm	[0.01, 0.05) mm	[0.05, 0.1] mm	>0.1 mm
8080005/中	[0, 20)	1999年	0.67	2.31	7.22	66.51	16.84	0.34
		2010年	0.71	2.45	8.32	69.65	18.32	0.44
	[20, 40)	1999年	1.06	3.65	11.45	67.69	7.16	0.07
		2010年	1.10	4.23	15.75	70.13	8.56	1.01
	[40, 60]	1999年	0.75	2.37	6.93	64.02	19.55	0.56
		2010年	0.87	2.41	7.89	67.32	21.21	0.65
8080006/中	[0, 20)	1999年	0.65	2.18	5.83	60.43	24.71	0.94
		2010年	0.67	2.35	6.01	63.23	26.88	0.98
	[20, 40)	1999年	0.84	2.60	7.34	67.60	15.30	0.26
		2010年	0.99	2.88	8.32	70.11	18.43	0.43
	[40, 60]	1999年	0.74	2.20	5.47	70.86	15.82	0.12
		2010年	0.85	2.23	5.78	71.32	16.87	0.43
8080007/低	[0, 20)	1999年	0.74	2.51	5.99	66.82	18.10	0.29
		2010年	0.81	2.67	6.21	71.12	19.43	0.43
	[20, 40)	1999年	0.83	2.84	7.12	68.31	14.41	0.21
		2010年	0.98	2.98	8.54	70.34	16.43	0.32
	[40, 60]	1999年	0.75	2.48	4.82	67.31	19.63	0.21
		2010年	0.80	2.50	5.43	69.32	20.25	0.32
8080008/低	[0, 20)	1999年	0.77	3.46	12.08	70.04	4.49	0.01
		2010年	0.90	3.88	13.21	72.21	4.68	0.05
	[20, 40)	1999年	0.83	2.69	7.09	68.95	14.35	0.19
		2010年	0.99	2.99	8.43	70.01	15.89	0.32
	[40, 60]	1999年	0.77	2.31	4.98	66.76	20.17	0.32
		2010年	0.89	2.54	5.01	70.32	21.01	0.34
8080009/低	[0, 20)	1999年	0.85	2.10	6.69	73.59	10.08	0.96
		2010年	0.90	2.40	7.33	75.88	12.01	1.08
	[20, 40)	1999年	0.76	2.30	6.21	75.36	10.11	0.10
		2010年	0.89	2.44	7.20	77.40	12.02	0.23
	[40, 60]	1999年	0.72	2.29	6.10	75.41	10.14	0.11
		2010年	0.87	2.54	7.98	77.34	12.05	0.55

从表 4-10 土壤机械组成分析看，内蒙古自治区退耕还林工程区林地的土壤主要以粗粉粒为主。其中 [0, 20) cm 土层增加不显著，[20, 40) cm 土层增加较多，[40, 60] cm 土层增加也不明显。[0, 20) cm 土层中>0.1 mm 砂粒含量则大幅度减少，[20, 60] cm 土层粗砂的含量变化较小。这是由于退耕还林工程以后，减少了雨滴对地面的直接击溅侵蚀，降低了径流对土壤的冲刷，稳定了成土环境，使黏化作用增强，黏粒聚积明显，粉粒、黏粒含量增加，砂粒含量减小，土壤的抗蚀性和抗冲性提高，有效地减少了水土流失。说明人为的干扰对土壤机械组成的影响较大，退耕还林工程实施后，虽然促进了土壤物理性质的改善，但在前期的工程措施破坏及早期的土壤裸露受水蚀和风蚀的影响，且土壤的形成和演化是个漫长的物理化学过程，导致其黏粒、细粉粒的含量明显低于天然草地，但造林可以促进土壤环境的改善，并且随着时间的增加效果越明显。

（3）退耕还林工程对土壤容重的影响。土壤容重指单位体积内原状土壤干土的质量，通常以"g/cm^3"表示。土壤容重与土壤质地、结构、有机质含量、土壤坚实度、耕作措施等有关。容重数值本身可以作为土壤的肥力指标之一。土壤的容重越小，表明土壤的结构性越好，孔隙多，疏松，有利于土壤的气体交换和渗透性的提高。反之土壤容重越大，表明结构性越差，孔隙少，板结。

表 4-11 结果表明，样地 [0, 20) cm 土层土壤容重明显低于 [20, 40) cm、[40, 60] cm 土层土壤容重，样地中上下层差异较大。这是因为退耕还林工程实施后，林地不受人为破坏，土壤有明显变化，上层土壤通透性能良好，非毛管孔隙度大，土壤容重较小，有利于土壤的气体交换和渗透性的提高。下层土壤由于受上层变化的影响，以及通过降水、灌溉使黏粒沉积，土层坚实，孔隙度小，因而下层土壤的容重较大。实施退耕还林工程后，加之植被枯枝落叶及根系对土壤的影响，降低了上层、下层的明显分界，减小了土壤上下容重的差异，改善了土壤的物理性质，因此可以有效地降低土壤容重。

表 4-11 内蒙古退耕还林工程区林地土壤容重的变化

样地编号	林分密度	土壤容重/（g/cm³）					
		[0, 20) cm		[20, 40) cm		[40, 60] cm	
		1999 年	2010 年	1999 年	2010 年	1999 年	2010 年
8080001	高	1.101	1.001	1.387	1.378	1.352	1.345
8080002	高	1.105	0.981	1.302	1.122	1.355	1.322
8080003	高	1.106	1.045	1.202	1.103	1.230	1.201
8080004	中	1.206	1.109	1.332	1.302	1.335	1.322
8080005	中	1.238	1.188	1.289	1.203	1.310	1.201
8080006	中	1.209	1.107	1.210	1.188	1.388	1.343
8080007	低	1.289	1.203	1.366	1.310	1.375	1.324
8080008	低	1.277	1.189	1.356	1.301	1.366	1.344
8080009	低	1.201	1.123	1.301	1.255	1.456	1.354

4.5.2 退耕还林工程对土壤化学性质的影响

土壤化学特性及其养分含量是土壤质量最为重要的表征指标，也是衡量土壤生产潜力的基本内容。在退耕还林过程中，随着退耕年限的变化，土壤养分和化学性质也发生了变化。

（1）土壤有机质含量变化。土壤有机质是土壤的重要组成部分，指存在于土壤中的所有含碳的有机化合物，包括土壤中各种动植物残体、微生物体以及其分解或合成的各种有机物质，是评价土壤质量的一个重要指标，它不仅能增强土壤的固肥和供肥能力，提高土壤养分的有效性，而且可促进团粒结构的形成，改善土壤的透水性、蓄水能力及通气性，增强土壤的缓冲性等。它与土壤矿物质部分共同作为林草植被生长的营养来源。而林草的凋落物、死亡根系、林下植被的枯死物以及土壤中的小动物、微生物的排泄物、分泌物和残体都是土壤有机质的重要来源。土壤有机质在不断分解和形成过程中，腐殖质矿化和积累的平衡，一方面主要有微生物的作用，有机质逐渐被分解；另一方面有植物残体的输入，如在自然植被下，输入土壤的凋落物、残根以及根的分泌物和脱落物等。在植被稳定状态时，土壤有机质一般维持在恒定的水平。虽然有机质仅占土壤重量的很小一部分，但它在整个养分贮存与供应，环境保护等方面起着不可取代的作用。它是植物生长所需的各种营养物质特别是氮、磷的重要来源，提供微生物生命活动所需的能源，对土壤物理、化学和生物学性质都有着深刻的影响。因此，经过退耕还林（草），植被恢复能有效地增加土壤有机质含量，改善土壤性质。

从表4-12可以看出，退耕还林工程区土壤有机质含量均随土层深度的增加而递减，其趋势基本一致，表现出明显的表聚性。由于受植被的根系分布范围和前期工程措施等的影响，高密度的有机质含量要高于中密度，中密度的有机质含量要高于低密度，同密度下土壤有机质含量随深度递减最为剧烈，而高密度林地根系发达，分布范围深且穿透土壤的能力强，土壤有机质含量随土壤深度的加深而递减的程度弱，促进了该层土壤环境的改善。

表4-12 内蒙古退耕还林工程区林地内土壤有机质变化

样地编号	林分密度	有机质/（g/kg）					
		[0, 20) cm		[20, 40) cm		[40, 60] cm	
		1999年	2010年	1999年	2010年	1999年	2010年
8080001	高	18.12	20.33	12.27	14.67	9.59	10.01
8080002	高	17.16	21.98	13.55	13.88	10.69	11.11
8080003	高	15.59	18.54	11.16	13.43	11.29	12.32
8080004	中	14.59	15.43	8.89	10.76	10.78	11.23
8080005	中	15.13	16.33	8.02	11.65	8.95	9.88
8080006	中	13.99	15.32	10.96	12.54	9.94	10.54
8080007	低	9.81	14.32	8.24	10.66	7.96	8.65

续表

样地编号	林分密度	有机质/(g/kg)					
		[0, 20) cm		[20, 40) cm		[40, 60] cm	
		1999年	2010年	1999年	2010年	1999年	2010年
8080008	低	9.58	13.23	6.75	8.67	4.71	6.78
8080009	低	12.39	14.23	7.08	7.56	7.52	8.56

（2）土壤全氮、全磷、全钾含量变化。土壤全量养分指土壤中的某些营养元素的全部含量，是产生土壤速效养分的基础。土壤全量养分含量的多少与土壤成土矿物的种类和风化程度有关，因为土壤全量养分主要是由成土矿物风化而生成的，林分以多种方式促进了成土矿物的风化作用，从而也就可以增加土壤全量养分的含量。虽然全量元素含量的多少并不能直接说明土壤养分水平，但是，土壤全量元素多的土壤说明养分潜在含量大，全量元素含量少的土壤至少可以说明其养分水平不会高。此外，土壤中的元素经水土流失而损失，这不仅直接影响土壤质量，而且还会造成面源污染，影响区域生态环境。所以，对土壤全量元素及其变化进行分析和研究具有重要的科学意义。

氮素是作物生长的重要营养元素之一，作物中积累的氮素中仍有50%左右来自土壤，土壤全氮含量是土壤的基本性质之一，是评价土壤肥力的重要指标之一。植被恢复改变了土壤特性，土壤物质输入和支出发生变化，土壤全氮含量也将发生变化。由表4-13可以看出，只有全氮含量在不同林地类型之间0～20cm土层中的变化较为明显，而全钾和全磷含量没有明显的规律性变化。这是因为土壤全磷含量的高低，受土壤母质、成土作用和施肥的影响较大，全钾含量可能是因为北方土壤富钾的缘故还是其他原因有待于进一步研究。无论[0, 20) cm土层，还是[20, 40) cm、[40, 60] cm土层中全氮含量增加最多。

表4-13 内蒙古自治区退耕还林工程区林地各层土壤的全量养分　　单位：%

样地编号/林分密度	全氮						全磷						全钾					
	[0, 20)		[20, 40)		[40, 60]		[0, 20)		[20, 40)		[40, 60]		[0, 20)		[20, 40)		[40, 60]	
	1999年	2010年	1999年	2010年	1999年	2010年	1999年	2010年	1999年	2010年	1999年	2010年	1999年	2010年	1999年	2010年	1999年	2010年
8080001/高	0.11	0.15	0.08	0.10	0.63	0.09	0.06	0.06	0.06	0.07	0.06	0.07	1.77	1.79	1.89	1.90	1.81	1.87
8080002/高	0.12	0.13	0.04	0.08	0.05	0.10	0.06	0.07	0.06	0.08	0.06	0.07	1.59	1.70	1.88	1.90	1.70	1.75
8080003/高	0.13	0.16	0.08	0.10	0.06	0.07	0.06	0.07	0.06	0.07	0.06	0.07	1.69	1.70	1.61	1.66	1.68	1.73
8080004/中	0.12	0.14	0.10	0.11	0.05	0.05	0.04	0.05	0.06	0.07	0.06	0.07	1.67	1.70	1.51	1.70	1.73	1.75
8080005/中	0.09	0.12	0.08	0.10	0.04	0.05	0.05	0.07	0.06	0.07	0.07	0.07	1.07	1.20	1.80	1.85	1.64	1.70
8080006/中	0.08	0.10	0.08	0.10	0.05	0.05	0.05	0.06	0.06	0.07	0.06	0.07	1.77	1.80	1.89	1.90	1.81	1.87
8080007/低	0.07	0.09	0.06	0.08	0.06	0.08	0.07	0.07	0.06	0.07	0.75	0.07	1.75	1.77	1.91	1.95	1.87	1.89

续表

样地编号/林分密度	全氮						全磷						全钾					
	[0, 20)		[20, 40)		[40, 60]		[0, 20)		[20, 40)		[40, 60)		[0, 20)		[20, 40)		[40, 60]	
	1999年	2010年	1999年	2010年	1999年	2010年	1999年	2010年	1999年	2010年	1999年	2010年	1999年	2010年	1999年	2010年	1999年	2010年
8080008/低	0.09	0.10	0.04	0.06	0.05	0.06	0.06	0.07	0.06	0.07	0.41	0.06	1.69	1.73	1.76	1.80	1.78	1.82
8080009/低	0.06	0.08	0.04	0.06	0.05	0.05	0.06	0.06	0.06	0.06	0.69	0.07	1.59	1.66	1.88	1.90	1.70	1.75

注：[0, 20) 为 [0, 20) cm 土层，[20, 40) 为 [20, 40) cm 土层，[40, 60] 为 [40, 60] cm 土层；表 4-14 同。

(3) 土壤速效氮、有效磷、速效钾变化。土壤养分全量水平并不能够完全代表土壤养分水平，当季植物所能利用的往往是土壤溶液中或土壤浸出液中的有效养分。土壤中铵态氮、硝态氮、亚硝态氮和一段时间内由于有机氮的矿化而形成的无机氮的总和称为土壤速效氮，是植物直接可利用的部分。钾是植物生长发育过程中所必需的营养元素之一。它具有激活多种酶的活性、提高光合速率、促进物质合成、增强作物抗逆性等功能，同时对于植物光合作用的产物——碳水化合物的运移和储存有着重要的作用。土壤速效钾是植物根系吸收的直接给源，是土壤钾素的现实供应指标。磷是植物生长必需的三大营养元素之一，土壤有效磷指土壤中在短期内能被作物所吸收利用的磷，不同作物、不同土壤性质，其有效磷变化很大。

从表 4-14 可以看出，随着土层深度的增加，土壤速效氮的含量呈现明显减少的趋势，不同密度的林地内的差异较为明显；一期工程间隔期内有所增加，林地内的差异较为明显。在退耕还林工程初期随着林分的生长，林草吸收所需养分增加，而土壤有机质的矿化不能补足植物生长吸收的养分含量，致使林地的速效氮含量明显降低。在黄土区的研究结果表明，随着树木的进一步生长发育，土壤中的速效氮会逐渐升高，16 年左右可达到收支平衡，具体情况有待于进一步观察研究。

表 4-14　内蒙古退耕还林工程区林地内土壤氮、磷、钾的变化　　单位：mg/kg

样地编号/林分密度	速效氮						有效磷						速效钾					
	[0, 20)		[20, 40)		[40, 60]		[0, 20)		[20, 40)		[40, 60]		[0, 20)		[20, 40)		[40, 60]	
	1999年	2010年	1999年	2010年	1999年	2010年	1999年	2010年	1999年	2010年	1999年	2010年	1999年	2010年	1999年	2010年	1999年	2010年
8080001/高	4.95	5.00	3.98	4.10	2.74	2.80	2.68	2.80	0.55	0.65	0.19	0.35	135.10	169.10	57.30	60.33	50.92	51.01
8080002/高	4.02	4.25	3.26	3.50	2.71	2.80	2.81	2.98	0.29	0.65	0.24	0.38	147.65	164.23	39.98	45.10	35.55	38.24
8080003/高	3.98	4.13	3.20	3.33	2.68	2.75	2.79	2.85	0.30	0.69	0.21	0.36	145.98	158.30	43.45	44.12	35.14	36.54
8080004/中	3.47	4.10	2.36	2.54	2.64	2.75	2.28	2.58	0.69	0.65	0.64	0.75	118.42	135.24	47.16	50.21	26.67	30.21
8080005/中	3.43	3.50	2.33	2.45	2.61	2.70	2.26	2.54	0.80	0.63	0.76	0.76	117.03	135.78	46.61	48.54	26.36	30.24
8080006/中	3.43	3.51	2.21	2.45	2.32	2.45	1.98	2.10	0.80	0.86	1.42	1.56	65.83	77.32	48.09	49.76	28.85	31.01
8080007/低	2.88	3.01	2.47	2.56	2.76	2.85	2.34	2.43	1.42	1.55	1.26	1.35	57.16	70.18	30.22	40.22	26.56	27.12

续表

样地编号/林分密度	速效氮						有效磷						速效钾					
	[0, 20)		[20, 40)		[40, 60]		[0, 20)		[20, 40)		[40, 60]		[0, 20)		[20, 40)		[40, 60]	
	1999年	2010年	1999年	2010年	1999年	2010年	1999年	2010年	1999年	2010年	1999年	2010年	1999年	2010年	1999年	2010年	1999年	2010年
8080008/低	2.75	2.85	2.68	2.75	2.33	2.55	1.90	2.10	0.75	0.85	0.10	0.25	74.39	77.76	29.55	35.04	21.92	25.33
8080009/低	2.74	2.85	2.33	2.43	2.47	2.53	1.34	2.55	0.87	0.98	0.19	0.43	75.19	80.35	39.65	40.01	34.87	34.01

随着土层深度的增加土壤有效磷的含量呈现明显减少的趋势，不同密度的林地内的差异较为明显，退耕还林工程实施后，下层土壤有效磷的变化大致与表土层基本一致，土壤有效磷将会呈增加的趋势。可以看出，[0，20) cm 土层土壤速效钾的含量明显大于 [20，40) cm、[40，60] cm 层土壤速效钾的含量，随土层的深度增加递减较为剧烈，随着退耕还林工程的实施，由于枯枝落叶的腐殖化作用增加的营养元素在 [0，20) cm 表层土壤中富集，而林木枯落物和草本植物的矿化难易程度与土壤的水分等环境条件有关，土壤养分逐年向下淋溶累积需要时间的累积。而 [20，40) cm、[40，60] cm 土层是植物须根活动旺盛的范围，大量的钾元素被植物吸收，而且通过降水淋溶作用到达下层的钾元素数量低于植物生长的吸收数量，所以导致下层钾元素含量锐减的状况。

4.5.3 退耕还林工程对林地土壤水分的影响

退耕还林工程的实施，水分是制约黄土高原地区植被恢复与重建的主要限制因子，它是"箍桶"效应中的短板，其沟壑区地形因素对降水起着再分配的决定作用，从而形成了土壤水分状况不同的小生境，而这些小生境之间在土壤水分等方面的差异，可影响到造林种草的成效。因此，研究退耕还林（草）、植被恢复过程中地形对土壤水分的影响，可为该地区退耕还林（草）工程实施"以水定林"提供科学依据。

从表4-15 可以明显地看出，不同密度林地类型的土壤含水量之间存在明显的差异，林内密度越高，含水率越大。由此引起的土壤干燥化程度和土壤水分的分布也不同。不同的土层，含水率也不同，在 [0，20) cm 土层中土壤含水率较高，由于林地的植被盖度较大，并且表层的腐殖质含量较高，因此其土壤含水量较高。在 [20，60] cm 土层土壤中，土壤含水量反而变小，主要是因为林木根系较深和强烈的树冠蒸腾耗水量较大所致。退耕还林工程实施以来，土壤含水量明显增加，由于退耕还林工程的实施，植被得到有效恢复，减少了土壤的蒸发，增强了林地内保水功能。

表4-15 内蒙古退耕还林工程区林地内土壤含水率的变化

样地编号	林地密度	年份	含水率/%		
			[0, 20) cm	[20, 40) cm	[40, 60] cm
8080001	高	1999年	46.67	13.23	6.34
		2010年	50.23	15.33	7.32

续表

样地编号	林地密度	年份	含水率/%		
			[0, 20) cm	[20, 40) cm	[40, 60] cm
8080002	高	1999 年	15.06	6.54	7.97
		2010 年	18.32	8.23	8.99
8080003	高	1999 年	14.82	6.64	6.87
		2010 年	15.33	7.36	7.34
8080004	中	1999 年	12.42	4.93	5.78
		2010 年	14.54	5.89	7.43
8080005	中	1999 年	8.83	2.97	2.36
		2010 年	10.99	5.43	3.54
8080006	中	1999 年	12.06	6.77	5.23
		2010 年	14.56	8.32	5.44
8080007	低	1999 年	6.96	6.64	6.51
		2010 年	8.32	8.01	7.54
8080008	低	1999 年	6.98	7.87	9.82
		2010 年	7.63	7.44	7.34
8080009	低	1999 年	6.69	5.22	5.13
		2010 年	8.43	6.45	5.55

4.5.4 结论

研究表明，退耕还林工程实施后，由于不同植物群落类型根系的穿插作用，使土壤中形成了许多大的孔隙，特别是根系残体、分泌物等对土壤颗粒的胶结作用，促使形成了更多的大孔隙，提高了土壤的入渗性能，增强了保育水土的能力。同一立地条件下，不同密度之间存在较大的差别，高密度＞中密度＞低密度；从不同土地利用类型来看，[0, 20) cm 表层土壤总孔隙度＞[20, 40) cm 土层土壤总孔隙度＞[40, 60] cm 土层土壤总孔隙度；从不同时间段来看，2010 年土壤总孔隙度＞1999 年土壤总孔隙度。从非毛管孔隙度含量来看，各种地类均为表层大于下层，但是整体变幅不大，这有利于下渗过程的持续进行，特别是高强度暴雨，可以有效削减径流、蓄水保墒，反过来也促进了植被自身的正常生长发育。

退耕还林工程以后，减少了雨滴对地面的直接击溅侵蚀，降低了径流对土壤的冲刷，稳定了成土环境，使黏化作用增强，黏粒聚积明显，粉粒、黏粒含量增加，砂粒含量减少，土壤的抗蚀性和抗冲性提高，有效地减少了水土流失。说明人为的干扰对土壤机械组成的影响较大，退耕还林工程实施后，虽然促进了土壤物理性质的改善，但在前期的工程措施破坏及早期的土壤裸露受水蚀和风蚀的影响，且土壤的形成和演化是个漫长的物理化学过程，导致其黏粒、细粉粒的含量明显低于天然草地，但造林可以促进土壤环境的改善，并且随着时间的增加效果越明显。

退耕还林工程实施后，林地不受人为破坏，土壤有明显变化，上层土壤通透性能良好，非毛管孔隙度大，土壤容重较小，有利于土壤的气体交换和渗透性的提高。下层土壤由于受上层变化的影响，以及通过降水、灌溉使黏粒沉积，土层坚实，孔隙度小，因而下层土壤的容重较大。实施退耕还林工程后，加之植被枯枝落叶及根系对土壤的影响，降低了上层、下层的明显分界，减小了土壤上层、下层容重的差异，改善了土壤的物理性质，因此可以有效地降低土壤容重。

退耕还林工程区土壤有机质含量均随土层深度的增加而递减，其趋势基本一致，表现出明显的表聚性。由于受植被的根系分布范围和前期工程措施等的影响，高密度的有机质含量要高于中密度，中密度的有机质含量要高于低密度，同密度下土壤有机质含量随深度递减最为剧烈，而高密度林地根系发达，分布范围深且穿透土壤的能力强，土壤有机质含量随土壤深度的加深而递减的程度弱，促进了该层土壤环境的改善。

退耕还林工程实施后，只有全氮含量在不同林地类型之间[0, 20) cm 土层中的变化较为明显，而全钾和全磷含量没有明显的规律性变化。这是因为土壤全磷含量的高低，受土壤母质、成土作用和施肥的影响较大，全钾含量可能是因为北方土壤富钾的缘故还是其他原因有待于进一步研究。无论[0, 20) cm 土层，还是[20, 40) cm、[40, 60] cm 土层中全氮含量增加最多。

退耕还林工程实施后，下层土壤有效磷的变化与表土层基本一致，土壤有效磷将会呈增加的趋势。可以看出，[0, 20) cm 表层土壤速效钾的含量明显大于[20, 40) cm、[40, 60] cm 层土壤速效钾的含量，随土层的深度增加递减较为剧烈，随着退耕还林工程的实施，由于枯枝落层的腐殖化作用增加的营养元素在[0, 20) cm 表层土壤富集，而林木枯落物和草本植物的矿化难易程度与土壤的水分等环境条件有关，土壤养分逐年向下淋溶累积需要时间的累积。而[20, 40) cm、[40, 60] cm 土层是植物须根活动旺盛的范围，大量的钾元素被植物吸收，而且通过降水淋溶作用到达下层的钾元素数量低于植物生长的吸收数量，所以导致下层钾元素含量锐减的状况。

退耕还林工程实施后，不同密度林地类型的土壤含水量之间存在明显的差异，林内密度越高，含水率越大。由此引起的土壤干燥化程度和土壤水分的分布也不同。不同的土层，含水率也不同，在[0, 20) cm 的土层中土壤含水率较高，由于林地的植被盖度较大，并且表层的腐殖质含量较高，因此其土壤含水量较高。在[20, 60] cm 土层土壤中，土壤含水量反而变小，主要是因为林木根系较深和强烈的树冠蒸腾耗水量较大所致。退耕还林工程实施以来，土壤含水量明显增加，由于退耕还林工程的实施，植被得到有效恢复，减少了土壤的蒸发，增强了林地内保水功能。

4.6 退耕还林工程区水文效应的研究

森林水文研究是生态系统研究的重要组成部分，也是陆地水文学的一个研究领域。森林水文研究的重点是森林影响林地的水文现象、水文运动。作为森林水文观测指标至少要包括与森林中水分循环整个过程中有关的水分收入和支出的各项要素以及水分在森林的再分配和森林水文效应的内容。

森林的树种组成、群落结构和生物量差异影响到降水的再分配，改变水分循环和水量平衡各分量的数量变化和运动规律；森林生态系统的林冠层、枯枝落叶层和土壤层具有特殊的结构和功能，可以改变降水和径流的化学成分。森林水文指标设计水量观测指标（降水量、降水强度、穿透水、树干径流量、地表径流量、地下水位、枯枝落叶层含水量、森林蒸发散等）和水质观测指标。这些指标可以满足研究森林与大气降水、水量平衡、水源涵养和森林对水质影响等多方面信息的需要。

退耕还林工程区森林水文方面研究主要包括森林生态系统蒸散量观测、森林生态系统水量空间分配格局观测、森林配对集水区与嵌套流域观测和森林水质观测。

4.6.1 内蒙古自治区退耕还林工程区林地水文效应研究

4.6.1.1 生物截留量

林冠层对降水的作用分为林冠层截留、灌木层截留和草本层截留，通过对降水的截留，改变和减少了雨滴的降落速度和方式，减免和削弱了雨滴对土壤的溅蚀。因此，截留作用是森林植被的重要生态功能，群落冠层作为其保持水土的第一道防线，首先承接了大部分降雨。这部分降雨，除一小部分被蒸发到大气中之外，其余部分将首先浸润枝叶表面，以一薄层水膜或小水滴的形式吸附在枝叶表面，枝叶充分吸水后，多余降水慢慢滴落沿树干下流，减少了林下的降水量，推迟了林下的降水时间和产流时间。

通过"简易吸水法"可以确定植冠层的潜在截留能力，或称其为"最大截留量"，它可以反映在不受气象因素影响的理想条件下，降水量足以使植冠层达到饱和时所表现出的植冠层截留能力。随着森林覆盖率的增加和林地复合层冠的形成，降水通过林冠截流、林下灌木与草本截留、林地枯落物拦截以及林下土壤涵养水源，从而削减降雨径流能量、保持土壤水分。据研究，森林可以消耗降水量的70%~80%，其中林冠截留为8%，森林植被吸收为23%，森林枯落物拦截和林下土壤蓄水为45%。

（1）退耕还林工程区林地林冠层的截留量。降落在林分中的雨水首先被林冠层截留，林冠层截留量的大小主要取决于森林植被的类型、组成、结构、林龄、郁闭度等。截留功能强的林种，一般应当是生物量较高的郁闭壮龄林，依次为灌木层、草本层。

从表4-16可以看出，2000年，不同密度的林冠截留量都较高变幅在0.07~0.52 mm，最大截留量最大的是高密度的（0.52 mm），截留量最小的是低密度的（0.07 mm）；2007年，不同密度的林冠截留量都较高变幅在0.09~0.55 mm，最大截留量最大的是高密度的（0.55 mm），截留量最小的是低密度的（0.09 mm）；主要是退耕还林工程实施后，郁闭度变大，单位面积上的生物量最高，且截留量也大，因此截留量最大。

表4-16 退耕还林工程区不同林种的冠层截留量

样地编号	林分密度	器官	鲜生物量/（kg/hm²）		截留率/%		最大截留量/mm	
			2000年	2007年	2000年	2007年	2000年	2007年
8080001	高	枝叶	9 613.7	10 122.1	53.4	54.8	0.52	0.55
		茎干	3 428.4	3 465.1	13.7	11.2		

续表

样地编号	林分密度	器官	鲜生物量/（kg/hm²）		截留率/%		最大截留量/mm	
			2000年	2007年	2000年	2007年	2000年	2007年
8080002	高	枝叶	6 305.1	6 532.1	34.7	35.4	0.38	0.38
		茎干	2 219.8	2 435.4	10.2	10.5		
8080003	高	枝叶	4 630.7	4 700.1	58.2	59.8	0.28	0.29
		茎干	3 433.8	3 564.2	1.7	3.2		
8080004	中	枝叶	2 052.0	2 378.2	34.9	36.5	0.08	0.10
		茎干	490.8	521.1	7.8	9.8		
8080005	中	枝叶	6 928.7	7 103.8	45.5	44.3	0.19	0.21
		茎干	2 439.3	2 513.2	9.1	10.4		
8080006	中	枝叶	3 748.2	3 823.8	61.4	61.6	0.22	0.23
		茎干	2 777.1	2 854.5	3.7	3.3		
8080007	低	枝叶	3 421.7	3 756.9	44.3	46.5	0.23	0.22
		茎干	1 205.6	1 343.7	10.0	10.8		
8080008	低	枝叶	2 126.7	2 354.7	32.4	34.5	0.07	0.09
		茎干	1 227.4	1 343.8	3.7	4.1		
8080009	低	枝叶	2 125.9	2 487.7	33.4	35.5	0.09	0.11
		茎干	1 015.7	1 343.9	3.5	3.6		

（2）退耕还林工程区草本层容水量对比。草本层是土壤表层的草本植物，它是阻止雨水引起的溅蚀、板结的最后屏障，它能有效消除经乔木截留后雨滴最后的能量，并能阻留径流的产生，防止径流侵蚀。

从表4-17可见，草本层的截留量与林分密度有很大关系，林分密度高草本层的截留量就小，同时草本层的截留量由于林分结构和林种的不同，2000年草本层的截留量在0.06~0.17 mm，最大草本层的截留量0.17 mm；2007年草本层的截留量在0.09~0.19 mm，主要是由林下的草本层生物量的多少而引起的差异。

表4-17 内蒙古退耕还林工程区林地林下草本层的截留量

样地编号	林分密度	鲜生物量/（kg/hm²）		截留率/%		最大截留量/mm	
		2000年	2007年	2000年	2007年	2000年	2007年
8080001	高	1 659.3	1 798.8	51.8	53.4	0.10	0.13
8080002	高	1 276.1	1 312.0	51.7	53.5	0.07	0.11
8080003	高	1 189.0	1 211.9	50.0	52.1	0.06	0.09
8080004	中	1 743.4	1 898.6	62.5	67.5	0.11	0.12

续表

样地编号	林分密度	鲜生物量/（kg/hm²）		截留率/%		最大截留量/mm	
		2000 年	2007 年	2000 年	2007 年	2000 年	2007 年
8080005	中	1 718.6	1 889.7	57.0	56.2	0.11	0.13
8080006	中	1 718.6	1 845.3	40.0	41.2	0.10	0.13
8080007	低	2 594.8	2 630.2	63.9	64.9	0.17	0.19
8080008	低	1 898.8	1 987.8	53.8	54.5	0.10	0.12
8080009	低	1 787.1	1 878.6	40.0	49.8	0.07	0.09

（3）不同层次植冠层截留量对比。植物群落垂直层次结构与功能处于动态的变化过程当中，各层次间存在着结构上互相依赖、功能上互为补充的关系。

由表 4-18 总体来看，由于截留量受截留率与生物量两个因素影响，2000 年与 2010 年相比，灌木、草本的平均截留率高于乔木层，灌木、草本的平均截留量也高于乔木层。2000 年，冠层截留量还是以生物量最大的灌木层最高，达 0.31 mm，生物量中等的乔木层次之，为 0.26 mm，生物量最小的草本层最低，为 0.09 mm。2010 年，冠层截留量还是以生物量最大的灌木层最高，达 0.35 mm，生物量中等的乔木层次之，为 0.28 mm，生物量最小的草本层最低，为 0.10 mm。退耕还林工程的实施，生物量的增加，不同层次植冠层截留量都有所增加。

表 4-18　内蒙古退耕还林工程区不同生活型植物冠层截留量对比

样地编号	林分密度	年份	最大截留量/mm			最大截留率/%		
			乔木	灌木	草本	乔木	灌木	草本
8080001	高	2000 年	0.26	0.31	0.11	33.4	57.6	32.4
		2010 年	0.28	0.35	0.12	33.8	58.4	33.7
8080002	高	2000 年	0.25	0.30	0.10	33.6	56.9	32.3
		2010 年	0.28	0.32	0.11	34.5	56.9	31.5
8080003	高	2000 年	0.26	0.31	0.12	34.7	58.6	33.4
		2010 年	0.28	0.33	0.13	35.8	60.2	34.8
8080004	中	2000 年	0.24	0.30	0.11	32.9	56.2	32.1
		2010 年	0.25	0.32	0.11	34.1	57.5	33.6
8080005	中	2000 年	0.23	0.31	0.12	32.8	55.7	31.2
		2010 年	0.25	0.33	0.12	33.6	57.1	32.8
8080006	中	2000 年	0.24	0.30	0.10	31.4	54.6	30.6
		2010 年	0.26	0.32	0.11	33.2	55.1	32.1

续表

样地编号	林分密度	年份	最大截留量/mm			最大截留率/%		
			乔木	灌木	草本	乔木	灌木	草本
8080007	低	2000年	0.22	0.30	0.10	30.9	55.0	31.4
		2010年	0.23	0.31	0.11	32.2	55.8	32.4
8080008	低	2000年	0.20	0.28	0.11	30.4	53.3	30.4
		2010年	0.21	0.30	0.12	32.7	54.8	31.8
8080009	低	2000年	0.21	0.29	0.09	29.3	52.4	28.7
		2010年	0.23	0.30	0.10	30.6	53.6	29.5

植冠层对降水具有在数量和时间上重新分配的功能。雨水在下落过程中，很大一部分降水变成水蒸气，增加了植冠层的大气湿度，会引起一系列生态效应。植冠对降水的截留，可以看作是由固体对于液体的吸附作用、液体对液体的吸附作用以及植冠层的蒸发作用而使其由湿变干的过程组成。因此，植冠层对降雨的截留过程既不是纯物理过程，也不是一个纯随机过程，而是一个复杂的混合过程。就森林生态系统而言，林冠接受雨水，在使雨水向林地下落的过程中，在数量上、空间上对降水进行重新分配。一部分雨水被暂时容纳，并通过蒸发返回大气中；一部分穿过林冠空隙直达地表面，或从林冠滴入林地表面；还有一部分沿树干流入林地。林冠对雨水的分配过程还会延长雨水的下落时间，并重新分配雨滴下落时的动能，植冠层下经常由于聚合成的大水滴会增加林下透过降水的总动能，幸好有地被物防护林地，要不会造成更大溅蚀。植冠层-枯落物层-下渗及持水作用层之间互相支持、协调，共同起到涵养水源和保持水土作用。

因此，植冠层截留的主要作用并不在于对雨水截留数量的多少，而更重要的是通过对降水过程质的影响，减轻、缓冲雨水直接打击地面，改变降水的侵蚀性危害，而这些作用要远远高于截留量自身的作用。

（4）退耕还林工程区枯枝落叶层容水量。枯枝落叶层是指覆盖在林地矿质土壤表层上的未分解的、半分解的、完全分解的凋落物，它是群落植被地上部分各器官的枯死脱落物的总称。降水经过林分植冠层的层层截留后落到枯枝落叶层上，由于枯枝落叶层增加了地表粗糙度，因此避免了雨水对土壤的直接溅蚀作用，延长了水分下渗的时间，阻留和减缓了地表径流的流速。同时，由于枯枝落叶层覆盖地表，可以减少林地表层土壤水分的蒸发，并且枯枝落叶层的分解物增加了土壤养分，从而改善了土壤结构，增加了林地土壤贮水保水作用。因此，枯枝落叶层截留降雨的行为是枯枝落叶层的水文生态重要功能之一。

从表4-19可以看出，不同林地的枯落物受林种和林下植物种类的不同，枯落物容水率没有明显的规律性，容水量主要是与林下的枯落物量有关，林分密度高，容水量也高，2000年枯落物容水量在0.07~0.22 mm，最大0.22 mm，2010年枯落物容水量在0.15~0.25 mm，最大达到了0.25 mm。可见实施退耕还林工程后，随着生物量的增加，对雨水的截留量也在逐渐增多。有效地促进了雨水的下渗，减少了径流的产生，阻留和减缓了地表径流的流速。并且枯枝落叶层的分解物增强了土壤养分，从而改善了土壤结构，增加了林地土壤贮水保水作用。

表4-19 内蒙古退耕还林工程区林下枯落物容水量变化

样地编号	林分密度	枯落物容水量/mm		枯落物容水率/%	
		2000年	2010年	2000年	2010年
8080001	高	0.22	0.25	165.4	167.5
8080002	高	0.21	0.24	163.2	164.6
8080003	高	0.20	0.22	153.7	155.2
8080004	中	0.20	0.22	151.9	152.7
8080005	中	0.18	0.21	150.7	151.8
8080006	中	0.15	0.19	148.9	150.4
8080007	低	0.11	0.20	146.2	147.7
8080008	低	0.10	0.18	135.6	137.2
8080009	低	0.07	0.15	132.1	135.7

4.6.1.2 土壤渗透性

渗透性是反映土壤侵蚀能力的重要指标，为此，近年来许多专家建议将"增加土壤入渗、就地拦蓄降水径流"作为防治土壤侵蚀的战略决策。土壤入渗指降雨落到地面上的雨水从土壤表面渗入土壤形成土壤水的过程，入渗水在土层中的移动即称为渗透。影响土壤入渗的因素很多，本研究主要探讨土壤的物理性状与入渗的关系，以及不同退耕年限土壤的渗透性能，以期为今后在这方面的深入研究提供有价值的信息。

土壤的渗透性能与土壤的容重和孔隙状况密切相关，其中非毛管孔隙的大小是影响土壤渗透性能的重要指标，因为非毛管孔隙能够很快排空，并源源不断地接受地表水分，使地表径流转变为地下径流或下部土壤贮水。退耕还林使土壤物理性质发生变化，由于植物根系的作用使土壤水稳性团聚体的形成、土壤孔隙度和土壤有机质含量等土壤理化特征不断改善。土壤沙砾和石砾相对减少，分散率降低，团聚度提高，土壤有机质含量提高。水稳性团聚体数量增加，结构体破坏率降低，土壤孔隙度增大，持水量增加，渗透性增强。

渗透发生在降入林地的雨水，经植冠层截留、枯落物吸持后，雨水沿土壤大孔隙或裂隙渗入位于枯落物层之下的表土层中。由于土壤是一个复杂的生态系统，植物根系在土壤中生长、穿插，经历生长、死亡和腐烂的一系列过程，使土壤颗粒呈不均匀分布；土壤动物、微生物活动还直接在土壤中形成各种不同大小的孔隙。特别是，植物群落在生长过程中能改善土壤理化性质，促进团粒结构的形成，使土壤容重减小、孔隙增大。各种影响因素的时空分布很不均匀，因此，即使同一林分土壤渗透特性也有一定差异，不同地类之间的稳渗速度有时相差悬殊。

从表4-20中可以发现，退耕还林工程区土壤的渗透性能与土壤的容重和孔隙状况密切相关，林分密度高的林地的稳渗速度大，2000年林地内土壤稳渗速度在0.54~

1.72 mm/min，2010年林地内土壤稳渗速度在0.87~1.85 mm/min，主要原因可能是退耕还林工程的实施，植物根系在土壤中生长、穿插，经历生长、死亡和腐烂的一系列过程，使土壤颗粒呈不均匀分布；土壤动物、微生物活动还直接在土壤中形成各种不同大小的孔隙。植物群落在生长过程中能改善土壤理化性质，促进团粒结构的形成，使土壤容重减小、孔隙增大。渗透速度也显著增大。

表4-20　内蒙古退耕还林工程区林地内土壤稳渗速度对比　　单位：mm/min

项目	样地编号								
	8080001	8080002	8080003	8080004	8080005	8080006	8080007	8080008	8080009
林分密度	高	高	高	中	中	中	低	低	低
2000年	1.72	1.66	1.60	1.41	1.31	1.24	1.14	0.85	0.54
2010年	1.85	1.73	1.68	1.55	1.46	1.38	1.29	1.16	0.87

土壤的渗透性能与土壤的容重和孔隙状况密切相关，其中非毛管孔隙度的大小是影响土壤渗透性能的重要指标，因为非毛管孔隙能够很快排空，并源源不断地接受地表水分，使地表径流转变为地下径流或下部土壤贮水。

总体来看，退耕还林工程使土壤物理性质发生变化，由于植物根系的作用使土壤水稳性团聚体的形成、土壤孔隙度和土壤有机质含量等土壤理化特性不断改善。土壤沙砾和石砾相对减少，分散率降低，团聚度提高，土壤有机质含量提高，水稳性团聚体数量增加，结构体破坏率降低，土壤孔隙度增大，持水量增加，渗透性增强。

4.6.2　结论

退耕还林工程区森林水文方面研究主要包括森林生态系统蒸散量观测、森林生态系统水量空间分配格局观测、森林配对集水区与嵌套流域观测和森林水质观测。研究表明，退耕还林工程林冠截留量与林分密度有关，不同密度的林冠截留量不同，高密度＞中密度＞低密度。2007年的林冠截留量高于2000年的林冠截留量。这主要是退耕还林工程实施后，郁闭度变大，单位面积上的生物量变大，所以截留量也大。

草本层的截留量与林分密度有很大关系，草本层的林分密度大，截留量小，相反，草本层的林分密度小，截留量就大。草本层的截留量由于林分结构和林种的不同，主要是由林下的草本层生物量的多少而引起的差异，很明显密度大的林下草本层截留量最小。退耕还林工程实施后，郁闭度变大，单位面积上的生物量变大，所以截留量也大，因而2007年草本层的截留量大于2000年。

截留量受截留率与生物量两个因素影响，2000年与2010年相比，灌木、草本的平均截留率高于乔木层，灌木、草本的平均截留量也高于乔木层。冠层截留量还是以生物量最大的灌木层最高，生物量中等的乔木层次之，生物量最小的草本层最低。退耕还林工程的实施，生物量的增加，不同层次植冠层截留量都在有所增加。2010年，冠层截留量大于2000年。植冠层截留的主要作用并不在于对雨水截留数量的多少，而更重要的是通过对降水过程质的影响,减轻、缓冲雨水直接打击地面,改变降水的侵蚀性危害,而这些作用要远远高于截留量自身的作用。

枯落物容水量由于不同林地的枯落物受林种和林下植物种类的影响,枯落物容水率没有明显的规律性,容水量主要是与林下的枯落物量有关,林分密度高,容水量也高,实施退耕还林工程后,随着生物量的增加,对雨水的截留量也在逐渐增多。有效地促进了雨水的下渗,减少了径流的产生,阻留和减缓了地表径流的流速。并且枯枝落叶层的分解物增加了土壤养分,从而改善了土壤结构,增加了林地土壤贮水保水作用,因而2010年的枯落物容水量明显大于2000年。

退耕还林工程区土壤的渗透性能与土壤的容重和孔隙状况密切相关,林分密度高的林地的稳渗速度大,退耕还林工程的实施,植物根系在土壤中生长、穿插,经历生长、死亡和腐烂的一系列过程,使土壤颗粒呈不均匀分布;土壤动物、微生物活动还直接在土壤中形成各种不同大小的孔隙。植物群落在生长过程中能改善土壤理化性质,促进团粒结构的形成,使土壤容重减小、孔隙增大。2010年与2000年相比,渗透速度也显著增大。

土壤的渗透性能与土壤的容重和孔隙状况密切相关,其中非毛管孔隙度的大小是影响土壤渗透性能的重要指标,因为非毛管孔隙能够很快排空,并源源不断地接受地表水分,使地表径流转变为地下径流或下部土壤贮水。

总体来看,退耕还林工程使土壤物理性质发生变化,由于植物根系的作用使土壤水稳性团聚体的形成、土壤孔隙度和土壤有机质含量等土壤理化特性不断改善。土壤沙砾和石砾相对减少,分散率降低,团聚度提高,土壤有机质含量提高,水稳性团聚体数量增加,结构体破坏率降低,土壤孔隙度增大,持水量增加,渗透性增强。

4.7 小结

根据内蒙古退耕还林区工程建设成效的研究和分析,得出了如下结论。

退耕还林工程的实施,生态环境得到了很好的改善。通过退耕还林(草),大力营造人工林,使森林资源得到充分的恢复和发展,森林覆盖率明显提高,森林面积持续增长,生态服务功能有所增强,表明我国的生态建设工程已初见成效。

退耕还林工程的实施,提升了我国的林业发展水平。既加大基本口粮田建设力度、加强了生态公益林建设,有效地保护了生态环境,又调整了农业产业结构,提高了农田种植效率,发展了地区经济,加强了农村能源建设,推进了生态移民。人口、资源、环境、经济之间的矛盾基本得到缓解。

退耕还林工程的实施,为地方发展经济,转产、转型提供了难得的发展机遇。在国家的发展生态经济和生态补偿的支持下,凭借自身的区位优势和自然环境优势,积极地发展新能源开发、生态旅游、林下资源开发利用等等项目,既保护了生态,又增加了可持续发展的后劲,还调整和优化了经济结构,恢复和发展了经济。

退耕还林工程的实施,推动了农村社会保障体系建设,解决了农民的医保,最低生活保障,推进了生态移民,减轻了土地的承载力,有的农民从事森林管护、公益林建设、社会性服务等,提供了一些就业渠道。退耕还林工程的实施,森林管护和营造林落到实处,克服了改革开放后公共资源占有到位、管理失位的现象。

经过实施退耕还林工程，工程区土地利用/植被覆盖及其景观格局变化分析，退耕还林工程的整体变化情况是，实施退耕还林工程后，林地得到了有效保护，各地的林地都有显著增长，也由于开始实行的退耕还林（草）工程政策，在一定程度上削弱了耕地总量的增加幅度；草地、水域、未利用地面积均在不同程度上减少，建设用地一直在持续增长，这表明一是由于我国加快了城镇化建设力度，另一方面也由于房地产市场的快速发展，建设用地占用耕地现象明显。

退耕还林工程实施以来，改善了当地的生态环境，于2010年林下草本植物量明显高2000年，在同一时间段内，林分密度高，鲜生物量、样品鲜重、样品干重、干生物量几项指标明显大于林分密度低的，高密度＞中密度＞低密度，由此可见，实施退耕还林工程，提高了草本层的生物量，生态环境得到有效的恢复。

在退耕还林工程区内，枯落物的积累不同，高密度＞中密度＞低密度；从动态变化来看，退耕还林工程的实施，对于植被恢复起到了非常大的作用。可以看出，密度对生物量影响大，很明显通过生态恢复，可以提高林下的枯落物量和草本层的生物量，形成乔木-草本-枯落物、灌木-草本-枯落物的复合截留体系，使其截留量随着林地年限的增加而逐渐增大。且枯落物增多，可有效地促进雨水的下渗，减少地表径流的产生，阻留和减缓了地表径流的流速。并且枯枝落叶层的分解物增加了土壤养分，从而改善了土壤结构，增加了林地土壤贮水保水作用。

退耕还林工程实施后，不同密度林地类型的土壤含水量之间存在明显的差异，林内密度越高，含水率越大。由此引起的土壤干燥化程度和土壤水分的分布也不同。不同的土层，含水率也不同，在［0，20）cm 的土层中土壤含水率较高，由于林地的植被盖度较大，并且表层的腐殖质含量较高，因此其土壤含水量较高。在［20，60］cm 土壤中，土壤含水量反而变小，主要是因为林木根系较深和强烈的树冠蒸腾耗水量较大所致。退耕还林工程实施后，土壤含水量明显增加，由于退耕还林工程的实施，植被得到有效恢复，减少了土壤的蒸发，增强了林地内保水功能。

退耕还林工程使土壤物理性质发生变化，由于植物根系的作用使土壤水稳性团聚体的形成、土壤孔隙度和土壤有机质含量等土壤理化特性不断改善。土壤沙砾和石砾相对减少，分散率降低，团聚度提高，土壤有机质含量提高，水稳性团聚体数量增加，结构体破坏率降低，土壤孔隙度增大，持水量增加，渗透性增强。

第5章 退耕还林工程生态效益评价

5.1 内蒙古退耕还林工程生态效益评价指标与评价方法

5.1.1 退耕还林工程生态效益评价指标

本研究结合《森林生态系统服务功能评估规范》(GB/T 38582—2020)确立森林生态系统的研究对象和范围，综合运用生态学和经济学的理论与方法，选取森林生态系统保育土壤、林木养分固持、涵养水源、固碳释氧、净化大气环境、森林防护、生物多样性、森林生态系统修正系数等8个主要方面15个指标进行森林生态系统服务功能的评估（表5-1）。

表5-1 退耕还林工程生态效益评价指标体系

系统层	标准层	指标层
生态效益（B1）	保育土壤（C1）	保土（D1）
		固肥（D2）
	林木养分固持（C2）	氮固持（D3）
		磷固持（D4）
		钾固持（D5）
	涵养水源（C3）	调节水量（D6）
		净化水质（D7）
	固碳释氧（C4）	固碳（D8）
		释氧（D9）
	净化大气环境（C5）	提供负离子（D10）
		吸收气体污染物（D11）
		滞尘（D12）
	森林防护（C6）	防风固沙（D13）
	生物多样性（C7）	物种资源保育（D14）
	森林生态系统服务修正系数（C8）	森林生态系统服务修正系统（D15）

5.1.2 退耕还林工程生态效益评价方法

本研究对退耕还林工程林草植被的保育土壤、林木养分固持、涵养水源、固碳释氧、净化环境、改善小气候、维护生态多样性等生态效益进行了全面评价,首先是对生态效益物质量的评价,其次通过科学的经济途径实现效益物质量的货币化。因此,对生态效益价值核算包含两部分内容:一是以生态学为基础,侧重从技术的角度计算出各项生态效益的物质量,确定核算评价体系中各项具体功能及指标物质量大小的适当模型;二是以经济学为基础,侧重于研究物质量向货币价值量转化的具体方法。即在生态效益物质量已知的条件下,选择合适的经济转换参数是实现生态效益经济计量的关键。经济参数的选择注重可操作性,根据区域特点及物价指数进行了相应调整。同时,对于难以直接确定经济参数的生态效益,同时采用几种相近的方法计量,然后取其平均值。

由于生态功能是立体多维的,本项研究仅涉及可实地观测、调查的方面,重点研究物质量与价值量的对应关系,尽可能采用市场价格法或工程替代的市场价格法进行测评,以使生态效益价值量的测评客观公正,减少随意性和主观性。

各项生态效益指标的物质量和价值量计算如下。

5.1.2.1 保育土壤

保育土壤:指森林中活地被物和凋落物层层截留降水,降低水滴对表土的冲击和地表径流的侵蚀作用;同时林木根系固持土壤,防止土壤崩塌泻溜,减少土壤肥力损失以及改善土壤结构的功能。

目前,国内对森林的保育土壤功能和价值评估研究较多。侯元兆(1995)认为森林的保育价值有减少林地资源损失、防止泥沙滞留和淤积价值、保护土壤肥力和减少土体崩塌泻溜。研究者以潜在土壤侵蚀量与现实土壤侵蚀量的差值表示生态系统土壤保持量,并运用市场价值法、机会成本法和影子工程法计算了因土壤侵蚀而导致的营养物质流失、土地废弃和泥沙淤积灾害所造成的损失,即土壤保持价值。也有研究者认为潜在土壤侵蚀量和现实土壤侵蚀量之差即为生态系统土壤保持量。保持土壤养分的经济价值主要指生态系统保持土壤中氮、磷、钾营养物质的经济价值。根据生态系统保持土壤总量和土壤容重计算保持土壤的体积,再根据全国土壤平均厚度,推算出因为土壤侵蚀而造成的废弃土地面积,最后应用机会成本法计算出废弃土地的经济价值。根据我国主要流域泥沙运动规律,土壤流失的泥沙有24%淤积在水库、江河、湖泊,再采用蓄水成本来计算出生态系统减少泥沙淤积的经济价值;研究者运用市场价值法,机会成本法和影子工程法从减少土地废弃、减轻泥沙淤积灾害和保护土壤肥力3个方面评价了生态系统的价值;也有研究者运用机会成本法、影子价格法和替代工程法评价了森林减少土地废弃、泥沙淤积和土壤养分流失的价值;还有研究者计算了森林减少土地损失、减少土壤肥力损失和减免泥沙淤积和滞留的价值;此外,研究者利用潜在土壤侵蚀损失法计算了森林的保土价值。

从以上研究分析发现,许多学者在计算保育土壤功能时选用了多个指标,如减少的土地废弃面积或可耕面积、泥沙淤积、土壤肥力等,存在着重复计算的可能,为此本研究选用保土和固肥两个指标反映森林保育土壤功能。

(1)保土指标。森林的保土效益直接反映在地表的土壤侵蚀程度上,所以可以通过无林地土壤侵蚀模数和有林地土壤侵蚀模数之差估算森林的保土量,然后转化为土方工程、土地面积或其他指标,再根据相应工程或土地造价,计算森林的保持土壤价值。日本在1972年、1978年、1991年、2001年评价森林防止土壤泥沙侵蚀效能时,都采取了有林地与无林间的侵蚀对比方法，为此本研究也采用这种方法。

林分年保土量公式如下。

$$G_{保土} = A \times (X_2 - X_1) \times F$$

式中：$G_{保土}$为评估林分年保土量（t/年）；A为林分面积（hm^2）。X_2为无林地土壤侵蚀模数[t/（$hm^2 \cdot$年）]；X_1为林地土壤侵蚀模数[t/（$hm^2 \cdot$年）]；F为森林生态系统服务修正系数。

本研究根据实际监测数据进行分析，2007年无林地土壤侵蚀模数15 280 t/（$hm^2 \cdot$年），林地土壤侵蚀模数5 400 t/（$hm^2 \cdot$年）；2018年无林地15 280 t/（$hm^2 \cdot$年）；林地4 700 t/（$hm^2 \cdot$年）；2007年，2018年本研究的修正系数分别采取0.30、0.25。

林分年保土价值公式如下。

$$U_{保土} = G_{保土} \times C_{土} / \rho$$

式中：$U_{保土}$为评估林分年保土价值（元/年）；$G_{保土}$评估林分年保土量（t/年）；$C_{土}$为挖取和运输单位体积土方所需费用（元/m^3）；ρ为土壤容重（g/cm^3）。

本研究根据实际监测数据进行分析，2007年土壤容重ρ为1.28 g/cm^3，2018年土壤容重ρ为1.18 g/cm^3。

根据2002年黄河水利出版社出版的《中华人民共和国水利部水利建筑工程预算定额》（上册）中人工挖土方Ⅰ和Ⅱ土类每100 m^3需42个工时，按每个人工30元/d计算。

（2）固肥指标。土壤侵蚀带走大量的土壤营养物质，根据氮、磷、钾等养分含量和森林减少的土壤损失量，可以估算出森林每年减少的养分损失量。因土壤侵蚀造成了氮、磷、钾大量损失，使土壤肥力下降，通过计算年固土量中氮、磷、钾的数量，再换算为化肥即为森林年固肥价值。许多研究都采用了这种方法，本研究也采用这种方法。

林分年固肥量采用减少氮流失量、减少磷流失量、减少钾流失量和减少有机质流失量计算。

减少氮流失量计算公式如下。

$$G_N = A \times N \times (X_2 - X_1) \times F$$

式中：G_N为评估林分固持土壤而减少的氮流失量（t/年）；A为林分面积（hm^2）；N为实测林分中土壤含氮量（%）；X_2为无林地土壤侵蚀模数[t/（$hm^2 \cdot$年）]；X_1为林地土壤侵蚀模数[t/（$hm^2 \cdot$年）]；F为森林生态系统服务修正系数。

减少磷流失量计算公式如下。

$$G_P = A \times P \times (X_2 - X_1) \times F$$

式中：G_P为评估林分固持土壤而减少的磷流失量（t/年）；P为实测林分中的土壤含磷量（%）。

减少钾流失量计算公式如下。

$$G_K = A \times K \times (X_2 - X_1) \times F$$

式中：G_K为评估林分固持土壤而减少的钾流失量（t/年）；K为实测林分中的土壤含钾量（%）。

减少有机质流失量计算公式如下。

$$G_{有机质} = A \times M \times (X_2 - X_1) \times F$$

式中：$G_{有机质}$ 为评估林分固持土壤而减少的有机质流失量（t/年）；M 为实测林分中土壤有机质含量（%）。

林分年固肥价值采用侵蚀土壤中的氮、磷、钾物质折合成磷酸二铵和氯化钾的价值计算，公式如下。

$$U_{肥} = G_N \times C_1/R_1 + G_P \times C_1/R_2 + G_K \times C_2/R_3 + G_{有机质} \times C_3$$

式中：$U_{肥}$ 为评估林分年固肥价值（元/年）；G_N 为评估林分固持土壤而减少的氮流失量（t/年）；C_1 为磷酸二铵化肥价格（元/t）；R_1 为磷酸二铵含氮量（%）；G_P 为评估林分固持土壤而减少的磷流失量（t/年）；P 为实测林分中的土壤含磷量（%）；R_2 为磷酸二铵化肥含磷量（%）；G_K 为评估林分固持土壤而减少的钾流失量（t/年）；C_2 为氯化钾化肥价格（元/t）；R_3 为氯化钾化肥的含钾量（%）；K 为实测林分中的土壤含钾量（%）；$G_{有机质}$ 为评估林分固持土壤而减少的有机质流失量（t/年）；C_3 为有机质价格（元/t）。

5.1.2.2 林木养分固持

林木养分固持指林木在大气、土壤和降水中吸收氮、磷、钾等营养元素并贮存在体内的功能。

森林植被在生长过程中每年从土壤或空气中要吸收大量营养物质，如氮、磷、钾等，并贮存在植物体中。考虑到指标操作的可行性，本研究主要考虑主要营养元素氮、磷、钾3种元素物质的含量。在计算森林营养物质积累量时，以氮、磷、钾在植物体中的养分含量为依据，再结合全国森林资源，清查数据及森林净生产力数据计算出我国森林生态系统年固定营养物质氮、磷、钾的总量。

（1）林木养分固持物质量。本研究的森林生态系统林木养分固持物质量主要通过计算每年树木吸收的营养物质（氮、磷、钾）来体现。森林年增加氮、磷、钾量采用氮固持量、磷固持量、钾固持量计算。

氮固持量计算公式如下。

$$G_{氮} = A \times N_{营养} \times B_{年} \times F$$

式中：$G_{氮}$ 为评估林分中氮固持量（t/年）；A 为林分面积（hm²）；$N_{营养}$ 为实测林木氮元素含量（%）；$B_{年}$ 为实测林分净生产力 [t/（hm²·年）]；F 为森林生态系统服务修正系数。

磷固持量计算公式如下。

$$G_{磷} = A \times P_{营养} \times B_{年} \times F$$

式中：$G_{磷}$ 为评估林分中磷固持量（t/年）；A 为林分面积（hm²）；$P_{营养}$ 为实测林木磷元素含量（%）；$B_{年}$ 为实测林分净生产力 [t/（hm²·年）]；F 为森林生态系统服务修正系数。

钾固持量计算公式如下。

$$G_{钾} = A \times K_{营养} \times B_{年} \times F$$

式中：$G_{钾}$ 为评估林分中钾固持量（t/年）；A 为林分面积（hm²）；$K_{营养}$ 为实测林木钾元素含量（%）；$B_{年}$ 为实测林分净生产力 [t/（hm²·年）]；F 为森林生态系统服务修

正系数。

（2）林木营养固持价值量。本研究采取把营养物质折合成磷酸二铵化肥和氯化钾化肥方法计算林木营养固持价值。

氮固持价值计算公式如下。

$$U_{氮} = G_{氮} \times C_1$$

式中：$U_{氮}$为评估林分氮固持价值（元/年）；$G_{氮}$为评估林分中氮固持量（t/年）；C_1为磷酸二铵化肥价格（元/t）。

磷固持价值计算公式如下。

$$U_{磷} = G_{磷} \times C_1$$

式中：$U_{磷}$为评估林分磷固持价值（元/年）；$G_{磷}$为评估林分中磷固持量（t/年）；C_1为磷酸二铵化肥价格（元/t）。

钾固持价值计算公式如下。

$$U_{钾} = G_{钾} \times C_2$$

式中：$U_{钾}$为评估林分钾固持价值（元/年）；$G_{钾}$为评估林分中钾固持量（t/年）；C_2为氯化钾化肥价格（元/t）。

5.1.2.3 涵养水源

涵养水源指森林对降水的截留、吸收和贮存，将地表水转为地表径流或地下水的作用，主要功能表现在增加可利用水资源、净化水质和调节径流三个方面。

调节水量指标。森林涵养水源的量化，是准确评估其价值的基础之一。森林涵养水源量已有多种计算方法，目前主要有非毛管孔隙度蓄水量法、水量平衡法、地下径流增长法、多因子回归法、采伐损失法和降水贮存法等。其中，非毛管孔隙度蓄水量法和水量平衡法是最常用的两种方法。

非毛管孔隙度蓄水量法：根据森林土壤的非毛管孔隙度计算出森林土壤的蓄水能力，再结合森林区域的年降水量，可以求出森林的年涵养水源量。非毛管孔隙度蓄水量法可以反映土壤蓄水的最大潜力，但每次降水时非毛管孔隙都不可能全部蓄满，而且降雨强度大时还可能出现超渗产流，一年中有几次蓄满不好确定，此方法计算出的土壤蓄水量与森林土壤实际调节水量之间存在较大的误差。

水量平衡法：森林调节水量的总量为降水量与森林蒸发散（蒸腾和蒸发）及其他消耗的差值。水量平衡法反映了林分全年或某时间段内调节水量的总量，能够较好地反映实际情况。侯元兆（1995）对比了中国土壤蓄水能力、森林水源涵养量和森林区域径流量三种方法的研究结果，认为水量平衡法的计算结果能够比较准确地反映森林的现实年水源涵养量。

目前，国内外相关研究大多采用水量平衡法。因此，本研究采用水量平衡法计算各森林类型每年的涵养水源量。

（1）调节水量。森林生态系统年调节水量公式如下。

$$G_{调} = 10A \times (P_{水} - E - C) \times F$$

式中：$G_{调}$为评估林分年调节水量功能（m³/年）；A为林分面积（hm²）；$P_{水}$实测林外围降水量（mm/年）；E为实测林分蒸散量（mm/年）；C为实测林分地表快速径流量

（mm/年）；F 为森林生态系统服务修正系数。

由于林区快速地表径流（即超渗径流）总量相对很小，很多研究都忽略此项。但经多年观测发现，快速地表径流是森林生态系统水分输出重要支出项之一，在计算调节水量时不应忽视。

调节水量价值核算方法目前主要使用的有替代工程法（影子工程法）和采伐损失法。

替代工程法（影子工程法）：由于水利工程的造价较易得到，森林涵养水源的价值也就可以得到。与无林地区相比，有林地区的地下径流呈增长态势。若能确定水资源的价格，则可以计算森林的涵养水源价值。该方法比较简单、实用所需要的数据量少，而且均可通过实测获取。该方法虽然包括了森林涵养水源量的主要部分，但并非其全部。同时，该方法认为有林地和无林地的土壤非毛管孔隙度相等，这并不符合实际。

采伐损失法：该方法的基本原理为若某地森林遭到破坏，那么该地的地表径流、地下径流和蒸发等因子的情况将要发生巨大变化，并产生水源损失和灾害损失。这两种损失之和，可视为森林涵养水源的价值。

本研究认为，由于森林调节水量与水库蓄水的本质相同，因此根据水库工程的蓄水成本（影子工程法）可以计算森林生态系统调节水量的价值。

调节水量价值计算公式如下。

$$U_{调} = G_{调} \times C_{库}$$

式中：$U_{调}$ 为评估林分年调节水量价值（元/年）；$G_{调}$ 为评估林分年调节水量功能（m³/年）；$C_{库}$ 为水资源市场交易价格（元/m³）。$C_{库}$ 为水库建设单位库容投资（占地拆迁补偿、工程造价、维护费用等）。根据 1993—1999 年《中国水利年鉴》平均水库库容造价 2.17 元/t，2005 年价格指数为 2.816，即得到单位库容造价为 6.0017 元/t。

（2）净化水。

净化水质量计算公式如下。

$$G_{净} = 10A \times (P_{水} - E - C) \times F$$

式中：$G_{净}$ 为评估林分年净化水质量（m³/年）。

净化水质价值计算公式如下。

$$U_{净} = G_{净} \times K_{水}$$

式中：$U_{净}$ 为评估林分净化水质价值（元/年）；$G_{净}$ 为评估林分年净化水质量（m³/年）；$K_{水}$ 为水的净化费用（元/m³）。

本研究采用了净化水质成本计算了森林生态系统净化水质价值。该方法的数据容易获取而且容易被社会接受。K 值采用网格法得到 2007 年全国各大中城市的居民用水价格的平均值，为 2.09 元/t。

5.1.2.4 固碳释氧

固碳释氧指森林生态系统通过森林植被、土壤动物和微生物固定碳素、释放氧气的功能。

目前，国内外固碳释氧的评价方法有以下几种。用温室效应损失法，评价森林的固碳价值；用造林成本法，评价森林的固碳和释氧价值；用碳税法，评价森林的固碳价值；用工业制氧法，评价森林的供氧价值。

(1) 固碳指标。目前，国内外计算森林固定 CO_2 量的方法有 3 种。一是根据光合作用和呼吸作用方程式计算。日本在 1972 年、1978 年、1991 年和 2002 年核算森林固定 CO_2 的效益时，根据光合作用和呼吸作用的方程式计算出森林每生产 1 g 干物质需要 1.6 g CO_2。二是试验测定森林每年固定 CO_2 的量。三是根据数学模型计算森林年固定 CO_2 的量。

本研究采用第一种方法，首先根据光合作用和呼吸作用方程式确定森林每生产 1 t 干物质固定吸收 CO_2 的量，再根据树种的年净生产力计算出森林每年固定 CO_2 的总量。

根据光合作用的化学反应式，森林植被每积累 1 g 干物质，可以固定 1.63 g CO_2，释放 1.19 g O_2。CO_2 中 C 所占的比例为 27.27%。林分土壤固碳量即为土壤的固碳速率，由森林生态站直接测定获取。

目前，欧美发达国家正在实施温室气体排放税收制度，对 CO_2 的排放征税，碳税法已是国内外通用方法。为了与国际接轨，本研究采用碳税法评估森林生态系统的年固碳量。年固碳量包括土壤固碳量和植被固碳量，计算公式如下。

$$G_{碳} = G_{植被固碳} + G_{土壤固碳}$$

植被固碳量计算公式如下。

$$G_{植被固碳} = 1.63 R_{碳} \times A \times B_{年} \times F$$

式中：$G_{碳}$ 为评估林分生态系统年固碳量（t/年）；$G_{植被固碳}$ 为评估林分年固碳量（t/年）；$G_{土壤固碳}$ 为评估林分对应的土壤年固碳量（t/年）；$R_{碳}$ 为 CO_2 中碳的含量，为 27.27%；$B_{年}$ 为实测林分净生产力 [t/(hm²/年)]；A 为林分面积（hm²）；F 为森林生态系统服务修正系数。

土壤固碳量计算公式如下。

$$G_{土壤固碳} = A \times S_{土壤} \times F$$

式中：$G_{土壤固碳}$ 为评估林分中土壤年固碳量（t/年）；$S_{土壤}$ 为单位面积实测林分土壤固碳量 [t/(hm²/年)]；A 为林分面积（hm²）；F 为森林生态系统服务修正系数。

年固碳价值计算公式如下。

$$U_{碳} = G_{碳} \times C_{碳}$$

式中：$U_{碳}$ 为评估林分固碳价值（元/年）；$G_{碳}$ 为评估林分生态系统年固碳量（t/年）；$C_{碳}$ 为固碳价格（元/t）。采用瑞典的碳税率 150 美元/t（折合人民币 1 200.00 元/t）。

(2) 释氧指标。根据光合作用化学反应式，森林植被每积累 1 g 干物质，可以释放 1.19 g O_2。

年释氧量计算公式如下。

$$G_{氧气} = 1.19 A \times B_{年} \times F$$

式中：$G_{氧气}$ 为评估林分年释氧量（t/年）；$B_{年}$ 为实测林分净生产力 [t/(hm²·年)]；A 为林分面积（hm²）；F 为森林生态系统服务修正系数。

森林生态系统年释氧的价值计算公式如下。

$$U_{氧} = G_{氧} \times C_{氧}$$

式中：$U_{氧}$ 为评估林分年释氧价值（元/年）；$G_{氧}$ 为评估林分年释氧量（t/年）；$C_{氧}$ 为 O_2 价格（元/t）。

5.1.2.5 净化大气环境

净化大气环境指森林生态系统对大气污染物（如二氧化硫、氟化物、氮氧化物、粉尘、重金属等）的吸收、过滤、阻隔和分解，以及降低噪声、提供负离子和萜烯类（如芬多精）物质等功能。由于本研究中主要涉及吸收大气中的污染物质，而降低噪声是环境因子，所以统称为净化大气环境。

国内外评估森林生态系统净化大气环境功能的方法主要有以下几种。吸收能力法，根据单位面积森林吸收污染物的平均值乘以森林的面积，计算出吸收的污染物量，再根据防治污染工程中削减单位重量污染物的投资额度，计算出森林吸收某一污染物的经济价值。阈值法，以某一污染物在林木体内达到阈值时的吸收量计算吸收能力。叶干重法，树木吸收某一污染物量等于叶片积累、代谢转移和表面吸附之和。

综合国内外的相关研究，根据净化大气环境的定义，考虑到指标测度的可操作性，本研究选择提供负离子、吸收污染物、降低噪声和滞尘 4 个方面指标反映森林净化大气环境功能。

（1）提供负离子。空气负离子是大气中的中性分子或原子，在自然界电离源的作用下，其外层电子脱离原子核的束缚而成为自由电子，自由电子很快会附着在气体分子或原子上，特别容易附在氧分子和水分子上，而成为空气负离子。森林树冠、枝叶的尖端放电以及光合作用过程的光电效应均会促使空气电解，产生大量的空气负离子。植物释放的挥发性.物质如植物精气（又称芬多精）等也能促进空气电离，从而增加空气负离子浓度。

本研究采用以下公式计算森林提供负离子的物质量。

$$G_{负离子} = 5.256 \times 10^{15} Q_{负离子} \times A \times H \times F / L$$

式中：$G_{负离子}$ 为评估林分年提供负离子个数（个/年）；$Q_{负离子}$ 为实测林分负离子浓度（个/cm^3）；A 为林分面积（hm^2）；H 为林分高度（m）；F 为森林生态系统服务修正系数；L 为负离子寿命（min）；根据负离子寿命为 10 min，负离子浓度为 10^6 个/cm^3，树高平均按 10 m 计算，换算成每年每公顷，即得出系数 5.256×10^{15}。

国内外相关研究证明，当空气中负离子达到 600 个/cm^3 以上时，才能有益人体健康。本研究中林分年提供负离子价值采用以下公式计算

$$U_{负离子} = 5.256 \times 10^{15} \times A \times H \times F \times K_{负离子} \times (Q_{负离子} - 600) / L$$

式中：$U_{负离子}$ 为评估林分提供负离子价格（元/年）；A 为林分面积（hm^2）；H 为实测林分高度（m）；F 为森林生态系统服务修正系数；$K_{负离子}$ 为生产费用（元/个）；$Q_{负离子}$ 为实测林分负离子浓度（个/cm^3）；L 为负离子寿命（min）。

负离子价格根据台州科利达电子有限公司生产的适用范围 30 m^2（房间高 3 m）、负离子浓度 1 000 000 个/cm^3、使用寿命为 10 年、价格 65 元/个的 KLD-2000 型负离子发生器而推断获得，负离子寿命为 10 min，电费为 0.4 元/kWh。计算得出生产负离子费用（$K_{负离子}$）为 5.8185 元/10^{18} 个。

（2）吸收气体污染物指标。二氧化硫、氟化物、氮氧化物、重金属是大气污染物中主要物质，因此本研究选取森林二氧化硫、氟化物、氮氧化物、重金属 4 个指标评估森林吸收污染物的作用。

森林对二氧化硫的吸收可以使用面积—吸收能力法、阈值法和叶干质量估算法计算。

本研究采用面积-吸收能力法评估森林二氧化硫年物质量和价值。

二氧化硫年吸收量计算公式如下。

$$G_{二氧化硫} = Q_{二氧化硫} \times A \times F / 1\,000$$

式中：$G_{二氧化硫}$为评估林分年吸收二氧化硫量（t/年）；$Q_{二氧化硫}$为单位面积实测林分吸收二氧化硫量[kg/（hm²·年）]；A为林分面积（hm²）；F为森林生态系统服务修正系数。

吸收二氧化硫价值计算公式如下。

$$U_{二氧化硫} = K_{二氧化硫} Q_{二氧化硫} A$$

式中：$U_{二氧化硫}$为林分年吸收二氧化硫价值（元/年）；$K_{二氧化硫}$为二氧化硫的治理费用（元/kg）；$Q_{二氧化硫}$为单位面积森林二氧化硫吸收量[kg/（hm²·年）]；A为林分面积（hm²）。

本研究采用面积-吸收能力法评估森林氟化物年吸收量和价值。

氟化物年吸收量计算公式如下。

$$G_{氟化物} = Q_{氟化物} \times A \times F / 1\,000$$

式中：$G_{氟化物}$为实测林分年吸收氟化物量（t/年）；$Q_{氟化物}$为单位面积实测林分吸收氟化物量[kg/（hm²·年）]；A为林分面积（hm²）；F为森林生态系统服务修正系数。

年吸收氟化物价值计算公式如下。

$$U_{氟} = K_{氟化物} Q_{氟化物} A$$

式中：$U_{氟}$为森林年吸收氟化物价值（元/年）；$K_{氟化物}$为氟化物治理费用（元/kg）；$Q_{氟化物}$为单位面积森林对氟化物的年吸收量[kg/（hm²·年）]；A为林分面积（hm²）。

本研究采用面积-吸收能力法评估氮氧化物森林年吸收量和价值量。氮氧化物年吸收量计算公式如下。

$$G_{氮氧化物} = Q_{氮氧化物} \times A \times F / 1\,000$$

式中：$G_{氮氧化物}$为评估林分年吸收氮氧化物量（t/年）；$Q_{氮氧化物}$为单位面积实测林分年吸收氮氧化物量[kg/（hm²·年）]；A为林分面积（hm²）；F为森林生态系统服务修正系数。

年吸收氮氧化物价值计算公式如下。

$$U_{氮氧化物} = G_{氮氧化物} \times K_{氮氧化物}$$

式中：$U_{氮氧化物}$为评估林分年吸收氮氧化物价值（元/年）；$G_{氮氧化物}$为评估林分年吸收氮氧化物量（t/年）；$K_{氮氧化物}$为氮氧化物治理费用（元/t）。

（3）滞尘指标。包括滞纳TSP（总悬浮颗粒物）、PM_{10}、$PM_{2.5}$。本研究采用面积-吸收能力法评估森林年阻滞降尘量和价值。

滞纳TSP（总悬浮颗粒物）量计算公式如下。

$$G_{TSP} = Q_{TSP} \times A \times F / 1\,000$$

式中：G_{TSP}为评估林分年潜在滞纳TSP（总悬浮颗粒物）量（t/年）；Q_{TSP}为实测林分单位面积年滞纳TSP量[kg/（hm²·年）]；A为林分面积（hm²）；F为森林生态系统服务修正系数。

滞纳 PM_{10} 量计算公式如下。

$$G_{PM_{10}} = Q_{PM_{10}} \times A \times F/1\,000$$

式中：$G_{PM_{10}}$ 为评估林分年潜在滞纳 PM_{10}（直径≤10 μm 的可吸入颗粒物）量（t/年）；$Q_{PM_{10}}$ 为实测林分单位面积年滞纳 PM_{10} 量 [kg/(hm²·年)]；A 为林分面积（hm²）；F 为森林生态系统服务修正系数。

滞纳 $PM_{2.5}$ 量计算公式如下。

$$G_{PM_{2.5}} = Q_{PM_{2.5}} \times A \times F/1\,000$$

式中：$G_{PM_{2.5}}$ 为评估林分年潜在滞纳 $PM_{2.5}$（直径≤2.5 μm 的可入肺颗粒物）量（t/年）；$Q_{PM_{2.5}}$ 为实测林分单位面积年滞纳 $PM_{2.5}$ 量 [kg/(hm²·年)]；A 为林分面积（hm²）；F 为森林生态系统服务修正系数。

森林植被年阻滞降尘价值计算公式如下。

$$U_{滞尘} = (G_{TSP} - G_{PM_{10}} - G_{PM_{2.5}}) \times K_{TSP} + U_{PM_{10}} + U_{PM_{2.5}}$$

式中：$U_{滞尘}$ 为评估林分年潜在滞尘价值（元/年）；G_{TSP} 为评估林分年潜在滞纳 TSP 量（t/年）；$G_{PM_{10}}$ 为评估林分年潜在滞纳 PM_{10} 量（kg/年）；$G_{PM_{2.5}}$ 为评估林分年潜在滞纳 $PM_{2.5}$ 量（kg/年）；K_{TSP} 为降尘清理费用（元/kg）；$U_{PM_{10}}$ 为评估林分年潜在滞纳 PM_{10} 的价值（元/年）；$U_{PM_{2.5}}$ 为评估林分年潜在滞纳 $PM_{2.5}$ 的价值（元/年）。

滞纳 PM_{10} 价值计算公式如下。

$$U_{PM_{10}} = C_{PM_{10}} \times Q_{PM_{10}}$$

式中：$Q_{PM_{10}}$ 为 PM_{10} 的清理费用（元/kg）。

滞纳 $PM_{2.5}$ 价值计算公式如下。

$$Q_{PM_{2.5}} = C_{PM_{2.5}} \times Q_{PM_{2.5}}$$

式中：$Q_{PM_{2.5}}$ 为 $PM_{2.5}$ 的清理费用（元/kg）。

采用中华人民共和国国家发展和改革委员会等四部委 2003 年第 31 号令《排污费征收标准及计算方法》中北京市一般性粉尘排污费收费标准 0.15 元/kg。

5.1.2.6 森林防护

森林防护指防风固沙林、农田牧场防护林、护岸林、护路林等防护林降低风沙、干旱、洪水、台风、盐碱、霜冻、沙压等自然灾害危害的功能。

（1）防风固沙。防风固沙量计算公式如下。

$$G_{防风固沙} = A_{防风固沙} \times (Y_2 - Y_1) \times F$$

式中：$G_{防风固沙}$ 为评估林分防风固沙量（t/年）；$A_{防风固沙}$ 为防风固沙林面积（hm²）；Y_2 为无林地风蚀模数 [t/(hm²·年)]；Y_1 为有林地风蚀模数 [t/(hm²·年)]；F 为森林生态系统服务修正系数。

防风固沙价值计算公式如下。

$$U_{防风固沙} = K_{防风固沙} \times G_{防风固沙}$$

式中：$U_{防风固沙}$ 为评估林分防风固沙价值（元/年）；$K_{防风固沙}$ 为固沙成本（元/t）；$G_{防风固沙}$ 为评估林分防风固沙量（t/年）。

（2）农田防护。农田防护林森林防护的实物量可折算为农作物产量（t/年）；防风固沙林可折算为牧草产量（t/年）；海岸防护林可折算为其他实物量。

农田防护价值计算公式如下。

$$U_{农田防护} = K_a \times V_a \times M_a \times A_农$$

式中：$U_{农田防护}$为评估林分农田防护功能的价值（元/年）；K_a为平均 1 hm²农田防护林能够实现农田防护面积 19 hm²；V_a为农作物、牧草的价格（元/kg）；M_a为农作物、牧草平均增长量[kg/（hm²·年）]；$A_农$为农田防护林面积（hm²）。

5.1.2.7 生物多样性

生物多样性包括景观多样性、生态系统多样性、物种多样性和遗传（基因）多样性四个不同的层次。在所有层次的生物多样性中，物种多样性最为基本。森林物种多样性保育功能指森林生态系统为生物物种提供生存与繁衍的场所，从而对其起到保育作用的功能。我国森林物种多样性极其丰富，对生物多样性保育功能进行评估具有重要的现实意义。

目前，对森林生物多样性非使用价值的评估尚缺乏逻辑推理的客观方法，保护生物多样性价值评估多用支付意愿法。但此方法由于受被访问者居住地、对访问区域的了解程度、经济状况、受教育水平等条件的限制，评估结果偏差很大，结果之间不可比，参考价值比较差。考虑到我国经济不发达、调查结果往往将远小于其应有价值，且不同时间调查结果存在着较大差异的现状。所以，此方法并不符合我国目前国情，因此在本研究中未采用支付意愿法。

本研究采用物种保育指标反映森林保护生物多样性功能。由于生物多样性的内容十分复杂，所以本研究只计算其保育价值。其总价值计算公式如下。

$$U_{生物} = S_{生物} A$$

式中：$U_{生物}$为林分年物种保育价值（元/年）；$S_{生物}$为单位面积年物种损失的机会成本[元/（hm²·年）]；A为林分面积（hm²）。

由于我国经纬度的跨度大，东西南北的气温差异明显，形成了不同的森林植被类型，从西到东及从北到南的生物多样性越来越丰富。研究者在总结国外研究经验的基础上，将机会成本法与支付意愿法相结合，对全国不同区域的森林生物多样性进行了核算，核算结果为热带区＞亚热带区＞温带区＞高寒带区，且在西北地区的多样性价值偏低，这与我国森林生物多样性指数空间变化趋势基本一致，即森林生物多样性越高，价值量越大，且与国外的一些研究结果比较相近。因此，本研究采用生物多样性指数计算森林生态系统的保护生物多样性价值。

目前生态学中反映生物多样性的指数很多，其中 Shannon-Wiener 指数是衡量生态系统物种多样性的一个经典且常用的指标，它既能够反映森林中物种的丰富度和物种分布的均匀度，能够全面表达生物多样性状况，是其他指标做不到的。因此，本研究采用 Shannon-Wiener 指数方法评估森林生态系统的物种保育价值。

从国内外研究结果上看，物种资源最丰富的巴西亚马孙热带雨林，其 Shannon-Wiener 指数为 6.21，海南尖峰岭热带原始林为 5.78~6.28，霸王岭沟谷雨林为 5.82。物种资源最丰富的热带雨林生物多样性价值为 5.9 万元/hm² 左右。研究者采用支付意愿方法计算出长白山自然保护区生物多样性的存在价值、遗传价值和选择价值总和为 49.65 亿元，每公顷生物多样性的平均价值为 23 642.86 元。基于上述研究结果，本研究把全国的

Shannon-Wiener 指数划分为 7 个等级,每个级别给予一定赋值(表 5-2)。

表 5-2 生物多样性保育价值

Shannon-Wiener 指数	价值
<1	3 000 元/(hm²·年)
1≤指数<2	5 000 元/(hm²·年)
2≤指数<3	10 000 元/(hm²·年)
3≤指数<4	20 000 元/(hm²·年)
4≤指数<5	30 000 元/(hm²·年)
5≤指数<6	40 000 元/(hm²·年)
≥6	50 000 元/(hm²·年)

基于 Shannon-Wiener 指数对我国森林生态系统物种多样性保育价值进行的评估是首次将全国的森林生态系统放在客观统一的标尺下对比分析,避免了评估结果受人为主观因素影响大的状况。但是,当时没有考虑到濒危物种和特有种的保育价值。濒危物种同样是生物多样性的重要组成部分,在物种保育价值评估时引入濒危指数,可以加强人们对濒危物种的保护。有些物种在某个地区广泛分布,不属于濒危物种,但在这个地区之外却没有分布,由于全球各个陆地的条件的异质性以及植物的遗传变异性和种间杂交,促成了生态系统的特有种现象和生物多样性。因此,地方特有种成了某个地方植被类型的一个独特标志。

通过把 Shannon-Wiener 指数、濒危指数和特有种指数引入到森林生物多样性物种保育价值评估方法中,既涉及了森林生态系统的物种丰富度的保育价值,又涵盖了濒危物种和特有种保育价值,以达到对森林生物多样性物种保育价值准确评估的目的,为精准评估森林生物多样性物种保育价值提供科学计算手段。

森林生物多样性物种保育价值评估公式如下。

$$U_{生} = (1 + \sum_{m=1}^{x} E_m \times 0.01 + \sum_{n=1}^{y} B_n \times 0.01 + \sum_{r=1}^{z} O_r \times 0.01) \times S_{生} \times A$$

式中:$U_{生}$ 为评估林分年物种资源保育价值(元/年);E_m 为评估林分(或区域)内物种 m 的珍稀濒危指数(表 5-3);B_n 为评估林分(或区域)内物种 n 的特有种指数(表 5-4);O_r 为评估林分(或区域)内物种 r 的古树年龄指数;x 为计算珍稀濒危物种数量;y 为计算特有物种数量;r 为计算古树物种数量;$S_{生}$ 为单位面积物种资源保育价值[元/(hm²·年)];A 为林分面积(hm²)。

表 5-3 物种濒危指数体系

濒危指数	濒危等级
4	极危
3	濒危
2	易危
1	近危

第5章 退耕还林工程生态效益评价

表5-4 特有种指数体系

特有种指数	濒危等级
4	仅限于范围不大的山峰或特殊的自然地理环境下分布
3	仅限于某些较大的自然地理环境下分布的群类,如分布于较大的海岛(岛屿)、高原、若干个山脉等
2	仅限于某个大陆分布的分类群
1	至少在两个大陆都有分布的分类群
0	世界广布的分类群

5.1.2.8 森林康养功能

本研究在前人定义的基础上,认为"森林游憩指森林生态系统为人类提供休闲娱乐的场所,使人消除疲劳、身心愉悦、有益健康的功能"。

国外对森林游憩的评价已有40多年的历史,其中代表性的评价方法可分为6类(表5-5),根据国内外研究现状及我国的经济不发达的状况,本研究采用游憩费用法计算森林游憩价值,建议计算时直接采用评估阶段林业系统管辖的自然保护区、森林公园全年的旅游直接收入数据,从旅游市场的实际需求评价。对于物质生产范围来说,使用劳动消耗评价是成立的,但对于不能通过实物交换的非物质生产范围内的游憩效能则不可行。

表5-5 森林游憩的评价方法

评价方法	内涵
政策性评估	森林主管单位根据经验对所辖区域内的森林做出最佳的判断,而赋予的价值,其典型的方法为阿特奎逊法和普罗丹法
生产性评估	从生产者的角度来说,森林游憩的价值至少为开发、经营和管理游憩区所耗费的成本,其典型方法有直接成本法和平均成本法
消费性评估	从消费者的角度看,森林游憩的价值至少应该等于游客游憩时的花费,其典型方法有游憩费用法
替代性评估	以"其他经营活动"的收益作为森林游憩的价值,其典型方法有机会成本法和市场价值法
间接性评估	根据游客支出的费用资料求出游憩商品的消费者剩余,并以消费者剩余作为森林游憩的价值,其典型方法有旅行费用法(TCM)
直接性方法	直接询问游客或公众对"游憩商品"自愿支付(WTP)的价格,其典型方法有条件价值法(CVM)

$$U_r = 0.8 U_k$$

式中:U_r为区域内年森林康养价值(元·年);U_k为各行政区林业旅游与休闲产业及森林康复疗养产业的价值,包括旅游收入、直接带动的其他产业的产值(元/年);k为行政区个数;0.8为森林公园接待游客量和创造的旅游产值约占全国森林旅游总规模的80%。

5.1.2.9 森林生态系统服务功能总价值

森林生态系统服务功能总价值为 14 项指标价值之和，公式如下。

$$U = \sum_{i=1}^{14} U_i$$

式中：U 为森林生态系统服务功能总价值（元/年）；U_i 为服务功能各分项价值（元/年）。

5.2 内蒙古退耕还林工程区生态效益评价

5.2.1 内蒙古森林资源状况

内蒙古实施林业工程后 20 多年，生态环境发生了巨大变化，据 2018 年林业统计年鉴，内蒙古自治区森林覆盖率 22.10%，林地总面积 4 499.17 万 hm^2。森林面积 2 614.85 hm^2；森林蓄积 152 704.12 万 m^3，人工林 600.01 万 hm^2，蓄积 13 907.88 万 m^3，生态建设取得了显著成效。

5.2.2 退耕还林工程发挥效益的森林面积

1999 年开始试点，以治理水土流失、改善生态环境为目标，实施了退耕还林工程。退耕还林第一期工程从 2000 年开始到 2007 年结束，累计完成封山造林面积 136 309 hm^2，人工造林面积 2 286 704 hm^2，退耕地造林 891 000 hm^2。退耕还林第二期工程从 2015 年开始到 2018 年结束，累计完成封山造林面积 1 587 255 hm^2，人工造林面积 557 467 hm^2，退耕地造林 123 548 hm^2。两期工程总共完成封山造林面积 1 859 873 hm^2，人工造林面积 5 130 875 hm^2，退耕地造林 1 905 548 hm^2。退耕还林工程都是在退耕地上或荒山荒地上造林，在实施管护后，每年都在发挥着生态效益。为了便于进行比较研究，本研究仅对退耕还林工程的数据进行分析，虽然有所欠缺，但对退耕还林工程综合效益评价来讲，还是切实可行的，见表 5-6。

表 5-6 内蒙古自治区退耕还林工程建设造林面积　　　　　单位：hm^2

年度	年末实有封山造林面积	人工造林面积	退耕地造林面积
2000 年		110 956	26 612
2001 年		53 455	46 213
2002 年		631 565	232 865
2003 年		654 897	299 317
2004 年		442 470	106 668
2005 年		265 565	144 003
2006 年		54 752	15 589
2007 年	136 309	73 044	19 733

续表

年度	年末实有封山造林面积	人工造林面积	退耕地造林面积
一期合计	136 309	2 286 704	891 000
2008 年	183 898	154 978	
2009 年	206 094	52 478	
2010 年	2 867	55 003	
2011 年	178 924	46 513	
2012 年	116 626	39 972	
2013 年	249 253	42 159	
2014 年	149 917	16 399	
2015 年	151 114	18 618	3 334
2016 年	139 237	47 742	36 609
2017 年	109 029	32 045	32 045
2018 年	100 296	51 560	51 560
二期合计	1 587 255	557 467	123 548
总合计	1 859 873	5 130 875	1 905 548

5.3 内蒙古自治区退耕还林生态效益评估结果

内蒙古自治区退耕还林发挥生态效益的森林面积为 1 905 548 hm^2，退耕还林工程森林生态系统服务功能物质量的计算，涉及的各项生态因子由课题组实地监测所得。其中保土、固肥、氮固持、磷固持、钾固持、调节水量、净化水质、固碳、释氧、提供负离子、吸收气体污染物、滞尘、防风固沙、物种资源保育、森林生态系统服务修正系数见表 5-7。

退耕还林工程森林生态系统服务功能价值量的计算，参照第 3 章。其中保土、固肥、氮固持、磷固持、钾固持、调节水量、净化水质、固碳、释氧、提供负离子、吸收气体污染物、滞尘、防风固沙、物种资源保育、森林生态系统服务修正系数的详细计算结果见表 5-7。

表 5-7　2007 年和 2018 年内蒙古自治区退耕还林工程生态效益物质量和价值量

功能类别	指标层	物质量		价值量/万元	
		2007 年	2018 年	2007 年	2018 年
保育土壤效益（C1）/（t/年）	保土（D1）	2 640 924 000	5 040 174 460	1 178 924.98	2 440 640.41
	固肥（D2）	86 226 168.6	164 813 704.8	1 849 863 737.78	3 530 460 762.95

续表

功能类别	指标层	物质量		价值量/万元	
		2007 年	2018 年	2007 年	2018 年
林木养分固持（C2）/（t/年）	氮固持（D3）	14 530.214 16	73 090.151 86	3 487.25	17 541.64
	磷固持（D4）	934.085 196	4 698.652 62	224.18	1 127.68
	钾固持（D5）	8 302.979 52	41 765.801 06	1 826.66	9 188.48
涵养水源功能（C3）/（m³/年）	调节水量（D6）	162 154 262.6	289 042 505.3	97 320.12	404 731.77
	净化水质（D7）	162 154 262.6	289 042 505.3	33 890.24	211 001.03
固碳释氧效益（C4）/（t/年）	固碳（D8）	3 946 137.669	8 014 750.213	473 536.52	961 770.03
	释氧（D9）	617 534.101 8	3 106 331.454	61 753.41	310 633.15
净化大气环境（C5）	提供负离子（D10）/（10^{25}个/年）	0.96	1.7	57.60×10^{21}	100.86×10^{21}
	吸收气体污染物（D11）/（kg/年）	1.924 56	6.859 972 8	0.76	3.25
	滞尘（D12）/（kg/年）	507.87	1 810.270 6	80 109 798.42	171 327 795.91
森林防护（C6）	防风固沙（D13）/hm²	2 640 924 000	5 040 174 460	270.04	490.70
生物多样性（C7）	物种资源保育（D14）/hm²	2 958 120 000	6 326 419 360	295 812.00	632 641.94
森林生态系统服务修正系数（C8）	森林生态系统服务修正系数（D15）	0.3	0.25	0.3	0.25

注：功能类别和指标层标注单位为各指标物质量单位；除森林生态系统服务修正系数（D15）外，各指标价值量单位为"万元"。

经研究内蒙古自治区退耕还林工程生态效益评估物质量如下。

2007 年：保土 2 640 924 000 t/年、固肥 86 226 168.6 t/年、氮固持 14 530.214 16 t/年、磷固持 934.085 196 t/年、钾固持 8 302.979 52 t/年、调节水量 162 154 262.6 m³/年、净化水质 162 154 262.6 m³/年、固碳 3 946 137.669 t/年、释氧 617 534.101 8 t/年、提供负离子 0.96×10^{25} 个/年、吸收气体污染物 1.924 56 kg/年、滞尘 507.87 kg/年、防风固沙 2 640 924 000 hm²、物种资源保育 2 958 120 000 hm²、森林生态系统服务修正系数为 0.3。

2018 年：保土 5 040 174 460 t/年、固肥 164 813 704.8 t/年、氮固持 73 090.151 86 t/年、磷固持 4 698.652 62 t/年、钾固持 41 765.801 06 t/年、调节水量 289 042 505.3 m³/年、净化水质 289 042 505.3 m³/年、固碳 8 014 750.213 t/年、释氧 3 106 331.454 t/年、提供负离子 1.7×10^{25} 个/年、吸收气体污染物 6.859 972 8 kg/年、滞尘 1 810.270 6 kg/年、防风固沙 5 040 174 460 hm²、物种资源保育 6 326 419 360 hm²、森林生态系统服务修正系数为 0.25。

经研究内蒙古自治区退耕还林工程生态效益价值量如下。

2007 年：保土 1 178 924.98 万元、固肥 1 849 863 737.78 万元、氮固持 3 487.25 万

元、磷固持 224.18 万元、钾固持 1 826.66 万元、调节水量 97 320.12 万元、净化水质 33 890.24 万元、固碳 473 536.52 万元、释氧 61 753.41 万元、提供负离子 57.60×10^{21} 万元、吸收气体污染物 0.76 万元、滞尘 80 109 798.42 万元、防风固沙 270.04 万元、物种资源保育 295 812.00 万元、森林生态系统服务修正系数为 0.3。

2018 年：保土 2 440 640.41 万元、固肥 3 530 460 762.95 万元、氮固持 17 541.64 万元、磷固持 1 127.68 万元、钾固持 9 188.48 万元、调节水量 404 731.77 万元、净化水质 211 001.03 万元、固碳 961 770.03 万元、释氧 310 633.15 万元、提供负离子 100.86×10^{21} 万元、吸收气体污染物 3.25 万元、滞尘 171 327 795.91 万元、防风固沙 490.70 万元、物种资源保育 632 641.94 万元、森林生态系统服务修正系数为 0.25。

第6章 退耕还林工程经济效益和社会效益评价

6.1 退耕还林工程的经济效益和社会效益评价方法

实施退耕还林工程不仅产生了生态效益，而且社会效益和经济效益也发生了较大的变化。为了客观地反映退耕还林工程的建设成就，本研究将经济效益指标分为三类，即涉林第一产业产值（育种育苗造林、木材、经济林）、涉林第二产业产值（木材加工与制造、非木质林产品加工制造）和涉林第三产业产值（旅游休闲、生态服务、林下经济）；社会效益分为两部分，即可量化的社会效益（适龄儿童入学率、低保医保覆盖率）、潜在的社会效益（提高农民环保意识、合理转移农村劳动力、产业结构变化和加快新农村建设），这样更有针对性，也更能从侧面反映退耕还林工程的建设成就。

6.1.1 评价方法

为了客观地反映内蒙古退耕还林工程的建设成就，本研究采用价值计量法对退耕还林工程综合效益进行评价，以便对退耕还林工程产生的经济效益和社会效益有价值量的把握。在进行经济效益和社会效益评价时，在对内蒙古自治区总体分析的同时，分别对2007年一期工程结束时点和二期工程最近时点2018年分别进行评价，并且前后采用同一套评价指标体系，这样便于对退耕还林工程纵向、横向分别比较，评价更加全面科学。

6.1.2 评价指标

为了前后研究的统一，本研究采用了同一套评价指标体系，见表3-2。

6.2 退耕还林工程的经济效益和社会效益评价

6.2.1 退耕还林工程的经济效益评价

实施退耕还林工程不仅产生了直接的经济效益，还产生了间接的经济效益。主要体现在涉林第一产业产值、涉林第二产业产值、涉林第三产业产值均有所大幅度地增加。不仅产生了林木价值、牧草价值、果产品价值等直接经济效益，而且改变了当地的产业结构，由此带来了对县域经济的影响，对粮食产量和安全的影响、对农民收入的影响的间接经济效益（表6-1）。

第6章 退耕还林工程经济效益和社会效益评价

表6-1 内蒙古退耕还林经济社会效益统计　　　　　　　　单位：万元

年度	全部林业投资完成额	涉林第一产业产值				涉林第二产业产值			涉林第三产业产值			
		育种育苗造林	木材	经济林	合计	木材加工与制造	非木质林产品加工制造	合计	旅游休闲	生态服务	林下经济	合计
2000年	20 715	82 374	62 259	4 175	148 808	73 525	134 222	252 672	478			40 625
2001年	26 818	749 161	82 823	69 092	164 365	117 256	119 664	255 586	748			39 128
2002年	124 453	167 568	62 557	8 196	238 321	68 783	125 730	261 603	1 167			54 127
2003年	198 250	209 843	115 021	45 280	370 144	105 438	2 676	185 507	350			92 366
2004年	195 086	234 202	150 933	24 596	409 731	159 305	4 632	235 285	1 333			120 806
2005年	105 712	291 438	158 977	26 451	476 865	228 734	62 859	308 776	12 475			142 103
2006年	119 999	370 347	194 640	152 884	872 349	292 412	7 529	389 861	59 838			230 631
2007年	221 470	421 348	270 590	169 954	1 042 754	347 767	7 759	617 820	78 348			271 855
2008年	234 876	460 173	247 901	173 245	1 096 377	334 335	8 262	664 941	74 647	1 652		321 330
2009年	236 162	510 423	207 596	185 774	1 030 362	325 526	20 661	542 705	95 295	3 606		222 688
2010年	214 168	566 419	225 136	203 383	1 145 325	342 492	7 211	556 491	123 924	3 976		320 281
2011年	199 111	612 027	181 799	247 422	1 190 042	470 557	4 509	635 051	113 829	3 731	10 072	353 341
2012年	207 693	712 894	161 112	289 382	1 379 044	520 118	17 204	666 865	131 549	3 703	238 616	403 046
2013年	158 656	188 463	131 687	321 052	1 545 569	565 109	9 861	761 655	142 372	3 525	285 898	494 232
2014年	146 215	300 696	132 034	399 865	1 941 184	897 150	13 459	1 155 493	218 187	10 774	408 021	739 644
2015年	201 839	336 931	103 373	445 247	1 973 569	897 903	53 524	1 193 769	313 431	39 205	418 133	526 168
2016年	139 376	361 693	637 036	502 499	2 080 674	1 255 910	85 180	1 522 694	521 136	39 765	498 465	763 600
2017年	161 458	379 843	635 245	459 700	2 161 261	1 464 542	77 529	1 667 720	608 864	108 086	505 187	912 119
2018年	146 457	356 732	632 531	503 727	2 000 547	1 438 611	68 363	1 669 769	762 326	88 130	477 165	1 071 632

退耕还林作为一项公共投资能促进经济稳定和发展。凯恩斯学派认为，增加公共投资具有提高对产出的总需求，以及提高生产力及扩充生产能力的效果。退耕还林这项规模宏大的公共投资计划，不仅可以解决国民经济发展过程中的环境问题，而且可以通过增加政府支出，刺激有效需求，并产生乘数效应，带动相关产业发展，从而拉动区域国民经济增长。退耕还林通过政府投入，改善农业生产条件，使种植业和林业生产效率大大提高。通过发展特色经济，形成退耕还林地区支柱产业，从而提高退耕还林区经济效益，促进当地经济发展。最突出的方面就是国内生产总值、农业产值、林业产值、牧业产值等方面的变化。

实施退耕还林工程，大面积耕地还林还草，由于土地利用结构发生了改变，种植业、林草业、畜牧业产值也相应发生了改变。虽然在短期内由于耕地面积的减少直接影响粮食生产，但并没有影响到农村经济发展的总体水平。

6.2.1.1 涉林第一产业产值

内蒙古自治区实施退耕还林工程以来，涉林第一产业产值实现 21 267 291 万元。其中，2007 年涉林第一产业产值实现 1 042 754 万元，2018 年涉林第一产业产值累计实现 2 000 547 万元，2018 年比 2007 年增加 957 793 万元，增加了 47.88%。

内蒙古自治区在育种育苗造林方面，实现产值 7 312 575 万元，2007 年实现产值累计 421 348 万元，2018 年实现产值 356 732 万元，2018 年比 2007 年减少 64 616 万元，减少了 18.11%；说明经过两期退耕还林工程的建设，育种育苗造林不断减少，已经基本上完成了任务。

内蒙古自治区在木材产值方面，实现产值 2 593 250 万元，2007 年实现产值累计 270 590 万元，2018 年实现产值 632 531 万元，2018 年比 2007 年增加 361 941 万元，增加了 57.22%；说明通过实施退耕还林工程，林业建设走上了良性循环的道路。

内蒙古自治区在经济林的产值方面，实现产值 4 231 924 万元。2007 年实现产值累计 169 954 万元，2018 年实现产值 503 727 万元，2018 年比 2007 年增加 333 773 万元，增长了 66.26%。

由此可见，内蒙古自治区退耕还林工程大大地减少了木材的砍伐量，也减少了木材砍伐带来的效益，另一方面，在育种育苗造林和经济林方面，创造了较大的经济效益，实现了退耕还林工程预定的目标。

6.2.1.2 涉林第二产业产值

内蒙古自治区实施退耕还林工程以来，涉林第二产业产值实现 13 544 263 万元。其中，2007 年涉林第二产业创造产值 617 820 万元，2018 年创造产值 1 669 769 万元，2018 年比 2007 年增加 1 051 949 万元，增长 63.00%。

内蒙古自治区在木材加工与制造创造的产值方面，内蒙古自治区实现产值 9 905 510 万元。2007 年实现产值累计 347 767 万元，2018 年实现产值 1 438 611 万元，2018 年比 2007 年增加了 1 090 844 万元，增加了 75.83%。

内蒙古自治区在非木质林产品加工制造的产值方面，实现产值 830 834 万元。2007 年实现产值内蒙古自治区累计 7 759 万元，2018 年实现产值 68 363 万元，2018 年比 2007 年增加 60 604 万元，增长 88.65%。

由此可见，内蒙古自治区实施退耕还林工程以来，涉林第二产业产值效益显著，各项指标发展迅猛，呈现出良好的发展势头。

6.2.1.3 涉林第三产业产值

内蒙古自治区实施退耕还林工程以来，涉林第三产业产值实现 7 119 722 万元。其中，2007 年涉林第三产业创造产值 271 855 万元，2018 年创造产值 1 071 632 万元，2018 年比 2007 年增加 799 777 万元，增长了 74.63%。

内蒙古自治区在旅游休闲创造的产值方面，实现产值 3 260 297 万元，2007 年实现产值 78 348 万元，2018 年实现产值 762 326 万元，2018 年比 2007 年增加 683 978 万元，增长 89.72%。

内蒙古自治区在生态服务创造的产值方面，实现产值 306 153 万元，2007 年实现产值累计0万元，2018年实现产值88 130万元，2018年比2007年增加88 130万元。

内蒙古自治区在林下经济创造的产值方面，实现产值2 841 557万元。2007年实现产值累计0万元，2018年实现产值477 165万元，2018年比2007年增加477 165万元。

从内蒙古自治区涉林第三产业产值可以看出，第三产业从无到有，发展迅速。从另一方面也可说明退耕还林工程实现了农村产业结构的根本性转变，取得了预期的目标。

6.2.2 退耕还林工程社会效益评价

退耕还林（草）计划的实施，对区域土地利用格局、生态系统和农村产业结构产生了巨大影响。可量化的社会效益（适龄儿童入学率、低保医保覆盖率）、潜在的社会效益（提高农民环保意识、合理转移农村劳动力、农村产业结构变化和加快新农村建设），这些指标进行分析。

6.2.2.1 可量化的社会效益

适龄儿童入学率是反映退耕还林工程实施后，农村的受教育程度的一项指标；低保医保覆盖率是反映退耕还林工程实施后，农民的最低生活保障和农民看病的医保制度。

退耕还林工程实施后，为解决贫困农民生活问题，特别对分布在沟深，偏远闭塞，分散的贫困农户进行了移民搬迁。各扶贫开发点人口居住集中，交通便利，信息畅通，有力地改善了贫困户农民的生产生活条件。

目前，教育"两免一补"政策，适龄儿童均可无负担入学。同时，推行了农村新型合作医疗制度，其参保合格率达100%，农户看病住院虽然各大医院报销比例不同，基本上解决农村看病难看病贵的问题，还实施了孕产妇免费住院分娩政策。

6.2.2.2 潜在的社会效益

（1）提高农民环保意识。退耕还林工程的实施过程，也是一个保护环境的宣传过程，通过广泛宣传，使广大农民对工程建设重要性的认识进一步提高，生态意识普遍增强。通过调查，内蒙古自治区退耕还林区在退耕还林工程的实施过程中，从宣传、培训、组织、实施到管护、收益等各方面的工作，使广大农民受到了一次规模空前的生态治理教育，加之有大多数农民，从退耕还林工程政策补偿机制等各个方面得到实惠，促使广大人民对生态环境治理的认识相应提高。生态意识和生态文化已深入人心，农民对保护环境的认知程度得到空前的提升，退耕还林已成为农民最为关心的热点问题。目前，农民对于退耕还林的认知率达98%，90%以上的农民支持退耕还林工程，96%以上的农民认为生态环境破坏非常严重，必须加以治理。此外，退耕农民在农业经营思想和耕作方式上也发生较大变化。从过去的广种薄收向精耕细作转变，更多的劳动力流向劳动效率更高的产业和地区，在增加经济收入的同时，也给这些人员提供了更多的接受新事物和新观念的机会，开阔了视野，这对于该地区农民综合素质的提高具有极其重要的意义。

（2）合理转移农村劳动力。退耕后由于耕地大面积减少，大部分农民将从世代耕耘的土地中解放出来，一方面，劳动力的较少投入使农民有了更多的可支配时间，使他们的精神文化生活得以改善，提高了生活水平和生活质量；另一方面，为农民调整、改变自己的生产结构提供了必要的劳动力条件。

通过农户调查，退耕还林前后农户劳动力投向发生很大变化，退耕后劳动力转移到种植业以外的其他行业。特别是外出打工，经商人数增加幅度较大，其次是养畜业人数。由于在退耕还林工程政策的强劲外力推动下，第三产业的发展为农民提供了就业、经商的机会，所以退耕后农民将主要精力放在打工、经商和以牛羊为主的养畜业等行业。有效地调整了农村产业结构。在调查的农户当中，大部分农民从以往的生活模式中解放出来，从事了其他行业，甚至有相当一部分农民已经选择其他行业作为自己的主要职业。这些显示出了通过退耕还林工程的实施，带动了农村劳动力结构的变化，劳动力结构正在退耕还林的影响下形成了合理流转。

（3）优化农村产业结构。随着市场需求结构的变化，农村产业结构的优化和升级在农民收入增长与地区经济发展中的作用越来越大。因此，在农产品总量平衡并有结构性过剩的条件下，要增加农民收入，促进地区经济的发展，必须进一步提升和优化农村产业结构和产品结构。传统农业的特征较为突出，产业结构、产品结构单一，生产程度偏低。农村经济结构多年来以农业为主，农业以种植业为主，种植业以粮食为主的单一结构模式。农业结构，产业结构的调整成为制约农业经济发展的障碍。退耕还林工程的实施，以一个强大的政策性的外力，强制、有力促进农村产业结构逐步调整，农户收入结构由退耕还林前以粮食种植业为主向养殖业、林果业、农产品加工业、外出务工等多业并举转变。改变当地多年来农业结构调整难的困境。

耕地是农民基本口粮田和经济收入的来源。退耕后由于耕地的减少，对农村产业结构产生影响。包括种植结构、家庭养殖结构、剩余劳动力的重新分配等。通过退耕还林（草）促使农业内部资源的重新配置与有效利用，减少某些过剩农产品的生产，增加短缺农产品的生产，通过合理投资与经营，提高农村产业结构调整的效率。使内蒙古自治区退耕还林区以广种薄收的农业生产和散养畜牧业落后生产方式，向精耕细作的集约化经营和圈舍饲养的特色农牧业生产及第一、第三产业过渡转变，促进了农村产业结构的合理调整。优化了国民经济结构。主要表现在以下几个方面。

一是土地利用结构调整。据林业统计年鉴资料分析，退耕还林一期工程结束时，退耕还林工程区农、林、牧三业用地比例更为合理，特别是25°以上陡坡耕地全部退耕还林，林业用地面积比退耕前增加了，使土地利用结构更加合理化。

二是饲养业结构调整。随着退耕还林工程的深入，坡耕地面积逐年减少，加之机械耕作水平提高，大牲畜耕地利用率降低，饲养成本大幅度提高，农村舍饲养业结构发生了很大变化。一些退耕户，已改变以往放牧牛羊和牲畜的传统习惯，开始饲养经济价值较高的畜类。

三是种植业结构调整。主要表现在种植品种的调整上，多数农民退耕后，集中人力、物力大搞旱变水、坡改梯等农田基本建设，开始实施粮食作物改时令蔬菜、低产田改高产田项目，并取得了较好的经济效益。

四是农村经营结构调整。表现在改变过去单一经营模式为多种经营模式，农林牧副全面发展，在集中搞好农业生产的同时，统筹兼顾林业、牧业和其他副业，并利用农闲季节，组织剩余劳力外出打工，扩大经营范围，增加经济来源，提高农民的经济收入。

五是农村能源结构的调整。退耕还林工程的实施，促进了当地产业结构调整，带动了相关行业的发展，加快了农村基础设施和能源建设。促使农民逐步由烧柴为主的单一性能源结构，向综合利用沼气、液化气、煤和柴等能源的转变。据调查，退耕前的1998年，农民基本依靠烧柴取暖做饭，利用烧煤、液化气取暖做饭的人多集中在一些交通便利的个别村庄，烧柴户多在一些偏远农村，对原生植被的破坏严重，管理管护难度大。随着退耕还林工程的实施，结合生态移民和农村能源建设，使用煤、沼气、液化气，用电户的农户相应增加，在这些烧柴户中，也由原来大多依靠砍伐自留林木转变到烧作物秸秆和牲畜粪便，农村的能源得到了一定合理配置，有效地保护了森林资源，也为巩固退耕还林成果打下了一定基础。

（4）加快新农村建设。实施退耕还林工程后，为了巩固退耕还林成果，退耕还林工程区将生态移民作为工程建设的一项重要配套政策措施。退耕后，为解决贫困农民生活问题，特别对分布在沟深，偏远闭塞，分散的贫困农户进行了移民搬迁。各扶贫开发点人口居住集中，交通便利，信息畅通，有力地改善了贫困户农民的生产生活条件。目前，当地政府组织实施新修公路，实现了县乡道路的柏油化、农村道路主干线的四级水泥硬化、砂石化的目标。架设农电线路，安置风力发电机，满足农电入户，结合精准扶贫，解决农村吃水问题。2003年取消了农林特产税，2004年以县财政补贴的方式免征了农业税，实现了"零"负担，落实了农村低保对象，教育"两免一补"政策，推行了农村新型合作医疗制度，实现了农村看病住院保障问题和孕产妇免费住院分娩政策。

通过研究分析实施退耕还林工程后经济效益和社会效益，研究结果表明退耕还林工程的实施有效地促进了当地社会经济的发展。内蒙古自治区实施退耕还林工程后，从2000—2018年，累计投资3 058 514万元，经济效益向又好又快发展，充分体现在涉林产业的发展方面。农业生产总值在总体上仍然呈现逐年上升趋势，涉林第一产业产值21 267 291万元、涉林第二产业产值13 544 263万元、涉林第三产业产值7 119 722万元，产业结构更加趋向合理。

内蒙古自治区退耕还林（草）计划的实施，对区域土地利用格局、生态系统和农村产业结构产生了巨大影响。可量化的社会效益（适龄儿童入学率、低保医保覆盖率）、潜在的社会效益（提高农民环保意识、合理转移农村劳动力、农村产业结构变化和加快新农村建设），这些社会效益指标运行良好，表明退耕还林工程取得了良好建设成效。

第7章 退耕还林工程的综合效益层次分析研究

本研究参照退耕还林工程检查验收标准和评定方法,采用层次分析法对退耕还林工程的实施情况和建设成效进行综合效益评价,在退耕还林工程综合效益评价中,在一些数据的选取上,主要来自本课题组在退耕还林工程区设立样本地的监测数据,在生态效益价值换算中(包括第5章),参照中国林业科学研究院在2008年制定的森林生态服务功能评估规范,虽然目前由于物价上涨,这些数据没有可比性,但是从纵向、横向来比,仍有可取之处,不影响评价结果,而且这不是本研究的内容,所以对此不详尽叙述。

7.1 层次分析法(AHP)的数学模型

1971年美国运筹学家托马斯·沙旦提出层次分析法(AHP),它是基于系统论中的系统层次性原理建立起来的,是将复杂的问题分解成若干有序的、条理化的层次,在比原问题简单的层次上逐步分析比较,把人的主观判断用数量的形式表达和处理,是一种定性和定量相结合的多指标分析评价方法。用层次分析法作系统分析,首先要把问题层次化。根据问题的性质和要达到的总目标,将问题分解为不同的组成因素,并按照因素间的相互关联影响以及隶属关系将因素按照不同层次聚集组合,形成一个多层次分析的模型。并最终把系统分析归结为最低层(供决策的方案、措施等),相对于最高层(总目标)的相对重要性权值的确定或相对优劣次序的排序问题。

在排序计算中,每层的因素相对上一层次某一因素的单排序问题又可简化为一系列成对因素的判断比较。为了将比较判定定量化,层次分析法引入1~9比率标度方法,并写成矩阵形式,即构成所谓的判断矩阵,形成判断矩阵后,即可通过计算判断矩阵的最大特征根及其对应的特征向量,计算出某一层元素相对于上一层次某一元素的相对重要性权值。在计算出某一层次相对于上一层次各个因素的单排列权值后,用上一层次因素本身的权值加权综合,即可计算出某层因素相对于上层整个层次的相对重要性权值,即层次总排序权值。这样,依次从上而下即可计算出最底层因素相对于最高层的相对重要性权值或相对优劣次序的排序值。决策者根据对系统的这种数量分析,进行决策、政策评价、选择方案、制订和修改计划、分配资源、决定需求、预测结局、找到解决冲突的方法等。

这种将思维过程数学化的方法,不仅简化了系统分析和计算,还有助于决策者保持其思维过程的一致性,在一般的决策问题中,决策者不可能给出精确的比较判断,这种判断的不一致性可以由判断矩阵的特征根的变化反映出来。因而,本研究引入了判断矩阵最大特征根以外的其余特征根的负平均值作为一致性指标,用以检查和保持决策者判断思维过程的一致性。

7.2 层次分析法的基本步骤

层次分析法的基本步骤:建立层次结构模型;构造判断矩阵;层次单排序及其一致性检验;层次总排序;层次总排序的一致性检验。

7.2.1 建立层次结构模型

在深入分析所面临的问题之后,将问题中所包含的因素划分为不同层次,如目标层、准确层、指标层、方案层、措施层等等,用框图形式说明层次的递接结构与因素的从属关系。当某个层次包含的因素较多时(如果超过9个),可将该层次进一步划分为若干子层次。

7.2.2 构造判断矩阵

判断矩阵元素的值反映了人们对某个因素相对重要性(或优劣、偏好、强度等)的认识,一般采用1~9及其倒数的标度方法。当相互比较因素的重要性能够有具有实际意义的比值说明时,判断矩阵相应元素的值则可以取这个值。

任何系统分析都以一定的信息为基础,层次分析法的信息基础主要是人们对于每一层次中各因素相对重要性给出的判断。这些判断通过引入合适的标度用数值表示出来,写成判断矩阵。判断矩阵表示针对上一层次某因素,本层与之有关因素之间相对重要性的比较。假定 A 层因素中 a_k 与下一层次中 $B_1, B_2, B_3, \cdots, B_n$ 有联系,一般采取如下形式构造判断矩阵。

a_k	B_1	B_2	…	B_n
B_1	b_{11}	b_{12}	…	b_{1n}
B_2	b_{21}	b_{22}	…	b_{2n}
…	…	…	…	…
B_n	b_{n1}	b_{n2}	…	b_{nn}

在层次分析法中,为了使决策判断定量化,形成上述数值判断矩阵,托马斯·沙旦引用了表 7-1 所示的 1~9 标度方法。

表 7-1 判断矩阵标度及其含义

标度	含义
1	表示两个因素相比,具有同样重要性

续表

标度	含义
3	表示两个因素相比，一个因素比另一个因素稍微重要
5	表示两个因素相比，一个因素比另一个因素明显重要
7	表示两个因素相比，一个因素比另一个因素强烈重要
9	表示两个因素相比，一个因素比另一个因素极端重要
2，4，6，8	上述两相邻判断的中值
倒数	因素 i 与 j 比较得判断 b_{ij}，则因素 i 与 j 比较的判断 $b_{ji}=1/b_{ij}$

7.2.3 层次单排序及其一致性检验

判断矩阵 A 的特征根问题 $AW=\lambda_{max}W$ 的解 W，经规一化后记为同一层次相应因素对于上一层次某因素相对重要性的排序权值，这一过程称为层次单排序。为进行层析单排序（或判断矩阵）的一致性检验，需要计算一致性指标 $CI=(\lambda_{max}-n)/(n-1)$。平均随机一致性指标 RI 的值由表 7-2 给出。

表 7-2 随机一致性指标

维数 Dimension	1	2	3	4	5	6	7	8
RI	0	0	0.58	0.9	1.12	1.24	1.32	1.41
维数 Dimension	9	10	11	12	13	14	15	
RI	1.45	1.49	1.51	1.54	1.56	1.57	1.59	

当随机一致性比率 $CR=CI/RI<0.10$ 时，认为层次单排序的结果有满意的一致性，否则需要调整判断矩阵的元素取值。

7.2.4 层次总排序

计算同一层次所有因素对于最高层（总目标）相对重要性的排序权值，称为层次总排序。这一过程是最高层次到最低层次逐层进行的。若上一层析 A 包含 m 个因素 A_1, A_2, …, A_m，其层析总排序分别为 a_1, a_2, …a_m，下一层次 B 包含 n 个因素 B_1, B_2, …, B_n，他们对于因素 Aj 的层次单排序权值分别为 b_{1j}, b_{2j}, …, b_{nj}，（当 B_k 与 A_j 无联系时，$b_{kj}=0$）此时 B 层次总排序权值由表 7-3 给出。

表 7-3 层次总排序

层次 B	层次 A				B 层次总排序权值
	A_1	A_2	⋯	A_m	
	a_1	a_2	⋯	a_m	
B_1	b_{11}	b_{12}	⋯	b_{1m}	$\sum_{j=1}^{m} a_j b_{1j}$
B_2	b_{21}	b_{22}	⋯	b_{2m}	$\sum_{j=1}^{m} a_j b_{2j}$
⋮	⋮	⋮		⋮	⋮
B_n	b_{n1}	b_{n2}	⋯	b_{nm}	$\sum_{j=1}^{m} a_j b_{nj}$

7.2.5 层次总排序的一致性检验

这一步骤也是从高到低逐层进行的。如果 B 层次某些因素对于 A_j 单排序的一致性指标为 CI_j，相应的平均随机一致性指标为 CR_j，则 B 层次总排序随机一致性比率如下。

$$RI = \frac{\sum_{j=1}^{m} a_j CI_j}{\sum_{j=1}^{m} a_j CR_j}$$

类似的，当 $RI < 0.10$ 时，认为层次总排序结果具有满意的一致性，否则需要重新调整判断矩阵的元素取值。

7.3 退耕还林工程综合效益评价指标体系的构建

退耕还林工程是一个多层次、多功能、多目标的复杂的复合生态系统工程，其综合评价内容包括对系统的生态分析、经济分析和社会分析，以及今后发展的趋势。虽然在森林效益分类、指标体系设置、评价方法研究等方面做了许多富有成效的工作，但是由于森林效益评价极其复杂，退耕还林工程建设发展历史短、发挥效益时间又缓慢，评价研究工作又不太完善，在监测工作上也存在一些缺陷，而且不同区域的指标选择和权重又有区别，因而本研究针对内蒙古自治区退耕还林工程区的区域特点，建立适合该地区的退耕还林工程综合效益评价指标体系，对定性、定量地评价退耕还林工程建设成效，以及促进退耕还林工程向高效、稳定、健康的方向发展具有十分重要的意义。

7.3.1 退耕还林工程综合效益评价指标概述

退耕还林工程的目的是保护和恢复被破坏了的生态系统，实现生态系统的可持续经营。森林的生态效益、经济效益和社会效益的统一是森林可持续经营的核心（杨旭东，

2004)。自从1992年联合国环境与发展大会后,世界各国对森林综合效益评价指标体系进行了研究。国外对森林经营的评价指标主要有蒙特利尔行动纲要、赫尔辛基行动、亚马孙行动、国际热带木材组织等。国内对森林综合效益的研究也进行了一定的探索,但对评价指标体系的研究尚不系统。建立科学合理的评价指标体系关系到评价结果的正确与否,本研究从实际出发,通过建立一整套可量化的退耕还林工程综合效益评价指标体系对退耕还林工程区综合效益进行评价。

7.3.2 退耕还林工程综合效益指标体系的构建

退耕还林工程是中央中央、国务院做出的一项改善我国生态环境的伟大战略部署,是实现我国经济、社会与生态环境可持续发展的根本大计。为了全面客观地评价退耕还林工程的建设成效,其评价指标设定的原则、评价方法和思路要具有系统性和相关性。

为了便于研究,本研究按照第3章所确立的指标体系,针对退耕还林工程区的特点,按照具有可比性和可操作性的原则,确立了退耕还林工程综合效益评价的指标体系,包括总体层1个,系统层指标3个,标准层指标13个,要素层指标29个,同第3章(表3-2)。

7.3.3 退耕还林工程综合效益评价

7.3.3.1 退耕还林工程综合效益评价指标计算及分析

运用层次分析法(AHP)对内蒙古自治区退耕还林工程综合效益进行分析,得出的生态效益、经济效益、社会效益指标权重,如表7-4至表7-19所示。

(1)生态效益指标见表7-4。$\lambda_{max}=8.6307$,$CR=0.0639<0.10$。

表7-4 退耕还林工程生态效益矩阵

生态效益指标	C3	C1	C2	C5	C6	C7	C8	C4	W_i
C3	1	1	0.6703	2.2255	2.2255	1.4918	2.2255	1.8221	0.167
C1	1	1	0.5488	0.6703	2.2255	1	1.8221	1.2214	0.1237
C2	1.4918	1.8221	1	3.3201	3.3201	1	2.2255	4.953	0.237
C5	0.4493	1.4918	0.3012	1	0.3012	0.4493	2.2255	3.3201	0.094
C6	0.4493	0.4493	0.3012	3.3201	1	1	1.4918	1.4918	0.1039
C7	0.6703	1	2.2255	1	1	1	2.2255	1.4918	0.1402
C8	0.4493	0.5488	0.4493	0.4493	0.6703	0.4493	1	1.2214	0.0696
C4	0.5488	0.8187	0.2019	0.3012	0.6703	0.6703	0.8187	1	0.0646

(2)经济效益指标见表7-5。$\lambda_{max}=2.0000$,$CR=0.0000<0.10$。

表7-5 退耕还林工程经济效益矩阵

经济效益指标	C11	C10	C9	W_i
C11	1	1.491 8	0.353 8	0.598 7
C10	0.682 3	1	0.428 6	0.455 7
C9	0.670 3	0.785 6	1	0.401 3

(3) 社会效益指标见表7-6。$\lambda_{max} = 2.000\ 0$,$CR = 0.000\ 0 < 0.10$。

表7-6 退耕还林工程社会效益矩阵

社会效益指标	C12	C11	W_i
C12	1	1.491 8	0.598 7
C11	0.670 3	1	0.401 3

(4) 保育土壤效益指标见表7-7。$\lambda_{max} = 2.000\ 0$,$CR = 0.000\ 0 < 0.10$。

表7-7 退耕还林工程生态效益中保育土壤效益矩阵

保育土壤效益指标	D3	D4	W_i
D3	1	2.225 5	0.69
D4	0.449 3	1	0.31

(5) 涵养水源功能指标见表7-8。$\lambda_{max} = 2.000\ 0$,$CR = 0.000\ 0 < 0.10$。

表7-8 退耕还林工程生态效益中涵养水源效益矩阵

涵养水源功能指标	D1	D2	W_i
D1	1	1.822 1	0.645 7
D2	0.548 8	1	0.354 3

(6) 固碳释氧效益指标见表7-9。$\lambda_{max} = 2.000\ 0$,$CR = 0.000\ 0 < 0.10$。

表7-9 退耕还林工程生态效益中固碳释氧效益矩阵

固碳释氧效益指标	D5	D6	W_i
D5	1	0.548 8	0.354 3
D6	1.822 1	1	0.645 7

（7）净化大气环境见表 7-10。$\lambda_{max} = 4.1062$，$CR = 0.0398 < 0.10$。

表 7-10　退耕还林工程生态效益中净化大气效益矩阵

净化大气环境指标	D9	D8	D11	W_i
D9	1	0.548 8	0.670 3	0.213 4
D8	1.822 1	1	0.476 8	0.288 1
D11	1.491 8	1.232 1	1	0.274 1

（8）涉林第一产业产值指标见表 7-11。$\lambda_{max} = 3.0178$，$CR = 0.0171 < 0.10$。

表 7-11　退耕还林工程涉林第一产业产值矩阵

涉林第一产业产值指标	D16	D17	D18	W_i
D16	1	1.491 8	0.670 3	0.325 6
D17	0.670 3	1	0.670 3	0.249 4
D18	1.491 8	1.491 8	1	0.425 1

（9）涉林第二产业产值指标见表 7-12。$\lambda_{max} = 3.0178$，$CR = 0.0171 < 0.10$。

表 7-12　退耕还林工程涉林第二产业产值矩阵

涉林第二产业产值指标	D19	D19	W_i
D19	1	0.670 3	0.249 4
D19	1.491 8	1	0.425 1

（10）涉林第三产业产值指标见表 7-13。$\lambda_{max} = 3.0178$，$CR = 0.0171 < 0.10$。

表 7-13　退耕还林工程涉林第三产业产值矩阵

涉林第三产业产值指标	D21	D22	D23	W_i
D21	1	0.670 3	0.670 3	0.249 4
D22	1.491 8	1	1.491 8	0.425 1
D23	1.491 8	0.670 3	1	0.325 6

(11) 可量化的社会效益指标见表 7-14。$\lambda_{max} = 2.000\,0$,$CR = 0.000\,0 < 0.10$。

表 7-14 退耕还林工程可量化社会效益矩阵

可量化的社会效益指标	D24	D25	W_i
D24	1	0.670 3	0.401 3
D25	1.491 8	1	0.598 7

(12) 潜在的社会效益指标见表 7-15。$\lambda_{max} = 2.000\,0$,$CR = 0.000\,0 < 0.10$。

表 7-15 退耕还林工程潜在的社会效益矩阵

潜在的社会效益指标	D26	D27	D28	D29	W_i
D26	1	0.670 3	0.652 1	0.457 6	0.4013
D27	0.432 1	1	0.454 3	0.675 4	0.342 9
D28	1.353 4	0.258 7	1	0.321 2	0.434 5
D29	1.491 8	1	0.874 4	1	0.598 7

(13) 综合效益指标见表 7-16。$\lambda_{max} = 3.004\,4$,$CR = 0.004\,3 < 0.10$。可见,总排序的结果具有满意的一致性。

表 7-16 退耕还林工程综合效益矩阵

综合效益指标	B1	B3	B2	W_i
B1	1	3.320 1	2.225 5	0.567 5
B3	0.301 2	1	0.548 8	0.159 9
B2	0.449 3	1.822 1	1	0.272 6

7.3.3.2 层次分析法的计算结果

各评价指标的权重如表 7-17 所示。

表 7-17 退耕还林工程综合效益评价指标权重

总体层	系统层 指标	系统层 权重	标准层 指标	标准层 权重	指标层 指标	指标层 权重
内蒙古自治区退耕还林工程综合效益评价指标体系（A）	生态效益指标（B1）	0.567 5	保育土壤（C1）	0.237 0	保土（D1）	0.690 0
					固肥（D2）	0.310 0
			林木养分固持（C2）	0.064 6	氮固持（D3）	0.352 9
					磷固持（D4）	0.310 2
					钾固持（D5）	0.336 9
			涵养水源（C3）	0.123 7	调节水量（D6）	0.645 7
					净化水质（D7）	0.354 3
			固碳释氧（C4）	0.167 0	固碳（D8）	0.354 3
					释氧（D9）	0.645 7
			净化大气环境（C5）	0.094 0	提供负离子（D10）	0.365 8
					吸收气体污染物（D11）	0.373 2
					滞尘（D12）	0.261 0
			森林防护（C6）	0.103 9	防风固沙（D13）	1.000 0
			生物多样性（C7）	0.140 2	物种资源保育（D14）	1.000 0
			森林生态系统服务修正系数（C8）	0.069 6	森林生态系统服务修正系数（D15）	1.000 0
	经济效益指标（B2）	0.272 6	涉林第一产业产值（C9）	0.485 6	育种育苗造林（D16）	0.568 4
					木材（D17）	0.122 1
					经济林（D18）	0.309 5
			涉林第二产业产值（C10）	0.172 1	木材加工与制造（D19）	0.512 3
					非木质林产品加工制造（D20）	0.488 7
			涉林第三产业产值（C11）	0.342 3	旅游休闲（D21）	0.388 7
					生态服务（D22）	0.256 4
					林下经济（D23）	0.354 9
	社会效益指标（B3）	0.159 9	可量化的社会效益（C12）	0.433 7	适龄儿童入学率（D24）	0.466 8
					低保医保覆盖率（D25）	0.533 2
			潜在的社会效益（C13）	0.566 3	提高农民环保意识（D26）	0.234 1
					合理转移农村劳动力（D27）	0.254 4
					产业结构变化（D28）	0.322 2
					加快新农村建设（D29）	0.189 5

权重的确立充分体现了内蒙古自治区退耕还林工程的实施目标,因而本研究的内蒙古自治区退耕还林工程综合效益评价指标体系中各项指标的权重差异较大。从二级指标上来看,退耕还林工程建设成效中最突出的是生态效益,在生态效益、经济效益、社会效益三大评价指标中,生态效益指标(B1)的权重最高,为0.567 5。其次是经济效益指标(B2),权重为0.272 6,社会效益的评价指标(B3),权重为0.159 9,从权重的设置,就充分体现了退耕还林工程的建设目标。

在生态效益评价指标中,保育土壤、涵养水源是能较好地反映退耕还林工程建设成效的重要指标,其权重也较高,保育土壤(C1)为0.237 0,涵养水源(C3)为0.123 7。在二者发挥效益的同时,促进了生态环境质量的改善与提高,因此,固碳释氧(C4)、林木养分固持(C2)的权重较涵养水源功能指标、保育土壤作用指标权重次之,分别为0.167 0、0.064 6。退耕还林工程在增加涵养水源功能和保育土壤作用的同时,也净化了大气环境,为保护生物多样性提供了生存环境,净化大气环境(C5)和生物多样性指标(C7)为0.094 0、0.140 2,在发挥上述作用的同时,也很好地发挥了森林防护作用,森林防护(C6)为0.103 9,生态环境的恢复为人类提供了很好的休闲场所,森林的游憩价值6.96%。

对于四级指标,各指标权重高低同样由上一级指标中占有的地位与作用来决定,涵养水源功能指标中,调节水量(D6)能直接体现退耕还林工程的巨大成效,因而权重也高,为0.645 7。净化水质(D7)是直接反映退耕还林工程对降雨的转换与利用的关系,其权重为0.354 3;在保育土壤效益指标上,保土指标(D1)充分反映了退耕还林工程的建设目标,因而权重高于固肥指标(D2),保土指标(D1)的权重为0.69,固肥指标(D2)为0.31。在固碳释氧指标中,CO_2固定量(D8)是改善环境作用的重要指标,因而其权重为0.354 3,O_2释放量(D9)权重为0.645 7;林木养分固持(C2)设置了三个指标,氮固持(D3)权重是0.352 9,磷固持(D4)的权重是0.310 2,钾固持权重是(D5)0.336 9。净化大气环境功能上设置了三个指标,根据所发挥的作用,给出各自的权重,提供负离子(D10)为0.365 8,吸收气体污染物(D11)为0.373 2,滞尘(D12)为0.261 0;森林防护(D13)和物种保育(D14)都只设置了一个指标,为1.00。

经济效益指标及社会效益指标的权重,也是按照各要素层指标在上一级指标体系中作用与地位来确定与取舍。

经济效益指标包括涉林第一产业产值(C9)、涉林第二产业产值(C10)和涉林第三产业产值(C11)三大类,退耕还林工程建设的经济效益主要体现在涉林第一产业产值方面,育种育苗造林(D16)权重为0.568 4,木材(D17)权重为0.122 1,经济林(D18)权重为0.309 5;涉林第二产业产值方面,木材加工与制造(D19)权重为0.512 3,非木质林产品加工制造(D20)权重为0.488 7;涉林第三产业产值方面,旅游休闲(D21)权重为0.388 7,生态服务(D22)权重为0.256 4,林下经济(D23)权重为0.354 9。

社会效益评价指标中可量化的社会效益指标较为重要,可量化的社会效益指标(C12)的权重为0.433 7,潜在的社会效益指标(C13)权重为0.566 3。在可量化的社会效益指标中,适龄儿童入学率(D24)权重为0.466 8,低保医保覆盖率(D25)权重为

0.533 2；潜在的社会效益指标中，提高农民环保意识（D26）权重为 0.234 1，合理转移农村劳动力（D27）权重为 0.254 4，产业结构变化（D28）权重为 0.322 2，加快新农村建设（D29）权重为 0.189 5。这些指标既较好地反映了退耕还林工程建设目标，又反映了农村产业结构变化和农民经济收入及消费的变化。

7.3.3.3 综合效益指数的计算方法

对于综合指标的计算，采取线性加权平均法进行评价指标的综合合成，其函数表达式为：

$$Y = \sum_{i=1}^{m} \left\{ \sum_{j=1}^{n} \left[\sum_{k=1}^{l} (F_k \times P_k) \times R_j \right] \times W_i \right\}$$

式中，Y 为中国退耕还林工程综合效益评价指标体系；m 为系统层指标个数，n 为某系统层中的标准层的指标个数，l 为某标准层中的指标层的指标个数，F_k 为指标层中的指标的评价值，P_k 为某一指标层中的指标的权重，R_j 为某一标准层中指标的权重，W_i 为某一系统层中指标的权重。

7.3.3.4 指标层中各指标评价值的计算

本研究根据各指标（包括各评价层的指标）对研究系统目标的影响与作用方向，将研究指标分为正指标和逆指标，在计算中采用不同的方法。正指标的计算方法为：$F_k = (P_k - S_k)/S_k$；逆指标的计算方法为 $F_k - (S_k - P_k)/P_k$；其中 F 代表指标评价水平值，P 表示实际值，S 表示参照值。F_k 反映指标值与参照值的接近程度，当 $F_k \geq 1.00$ 时，表明评价值已经达到理想值，取 1.00。

指标层各指标调查因子和实际值（P）和参照值（S）的计算方法，按照《森林生态系统服务功能评估规范》中实物量评估公式计算，如表 7-18 所示，实际值以 2018 年的退耕还林工程的各项调查指标为准，参照值以退耕还林工程实施前的 2007 年各项调查指标为准。

表 7-18 各指标调查因子汇总

指标层	调查因子	实际计算方法
保土（D1）	林分面积，土壤侵蚀模数，森林生态系统服务修正系数	$G_{保土} = A \times (X_2 - X_1) \times F$
固肥（D2）	土壤有机质含量，氮、磷、钾的含量	$G_N = A \times N \times (X_2 - X_1) \times F$；$G_P = A \times P \times (X_2 - X_1) \times F$；$G_K = A \times K \times (X_2 - X_1) \times F$；$G_{有机质} = A \times M \times (X_2 - X_1) \times F$
氮固持（D3）	林分面积，实测林木氮元素含量，林分净生产力，森林生态系统服务修正系数	$G_氮 = A \times N_{营养} \times B_年 \times F$；
磷固持（D4）	林分面积，实测林木磷元素含量，林分净生产力，森林生态系统服务修正系数	$G_磷 = A \times P_{营养} \times B_年 \times F$；

续表

指标层	调查因子	实际计算方法
钾固持（D5）	林分面积，实测林木钾元素含量，林分净生产力，森林生态系统服务修正系数	$G_{钾} = A \times K_{营养} \times B_{年} \times F$
调节水量（D6）	林分面积，林外为降水量，林分蒸散量，林分地表快速径流量，森林生态系统服务修正系数	$G_{调} = 10A \times (P_{水} - E - C) \times F$
净化水质（D7）	林分面积，林外为降水量，林分蒸散量，林分地表快速径流量，森林生态系统服务修正系数	$G_{净} = 10A \times (P_{水} - E - C) \times F$
固碳（D8）	CO_2中碳的含量，林分土壤固碳量，实测林分净生产力，林分面积，森林生态系统服务修正系数	$G_{碳} = G_{植被固碳} + G_{土壤固碳}$；$G_{植被固碳} = 1.63 R_{碳} \times A \times B_{年} \times F$；$G_{土壤固碳} = A \times S_{土壤} \times F$
释氧（D9）	林分净生产力，林分面积，森林生态系统服务修正系数	$G_{氧气} = 1.19 A \times B_{年} \times F$
提供负离子（D10）	林分负离子浓度，林分面积，林分高度，森林生态系统服务修正系数；L为负离子寿命	$G_{负离子} = 5.256 \times 10^{15} Q_{负离子} \times A \times H \times F / L$
吸收气体污染物（D11）	林分吸收二氧化硫量，林分吸收氟化物量，林分吸收氮氧化物量，林分面积，森林生态系统服务修正系数	$G_{二氧化硫} = Q_{二氧化硫} \times A \times F / 1\,000$；$G_{氟化物} = Q_{氟化物} \times A \times F / 1\,000$；$G_{氮氧化物} = Q_{氮氧化物} \times A \times F / 1\,000$；
滞尘（D12）	林分单位面积年滞纳 TSP 量，林分单位面积年滞纳 PM_{10} 量，林分单位面积年滞纳 $PM_{2.5}$ 量，林分面积，森林生态系统服务修正系数	$G_{TSP} = Q_{TSP} \times A \times F / 1\,000$；$G_{PM_{10}} = Q_{PM_{10}} \times A \times F / 1\,000$；$G_{PM_{2.5}} = Q_{PM_{2.5}} \times A \times F / 1\,000$
防风固沙、农田防护（D13）	防风固沙林面积，无林地风蚀模数，有林地风蚀模数，森林生态系统服务修正系数，农田防护林森林防护的实物量可折算为农作物产量，防风固沙林可折算为牧草产量，海岸防护林可折算为其他实物量	$G_{防风固沙} = A_{防风固沙} \times (Y_2 - Y_1) \times F$；$U_{农田防护} = K_a \times V_a \times M_a \times A_{农}$
物种资源保育（D14）	评估林分（或区域）内物种 m 的珍稀濒危指数，评估林分（或区域）内物种 n 的特有种指数，评估林分（或区域）内物种 r 的古树年龄指数，计算珍稀濒危物种数量，计算特有物种数量，计算古树物种数量，单位面积物种资源保育价值，林分面积	$U_{生} = \left(1 + \sum_{m=1}^{x} E_m \times 0.1 + \sum_{n=1}^{y} B_n \times 0.1 + \sum_{r=1}^{z} O_r \times 0.1\right) \times S_{生} \times A$

续表

指标层	调查因子	实际计算方法
森林生态系统服务修正系数（D15）	评估林分的生物量，实测林分的生物量，蓄积量与生物量的转换因子；评估林分的蓄积量	$FES-CC=\dfrac{B_e}{B_o}=\dfrac{BEF\times V}{B_o}$
育种育苗造林（D16）	实际值	实际值
木材（D17）	实际值	实际值
经济林（D18）	实际值	实际值
木材加工与制造（D19）	实际值	实际值
非木质林产品加工制造（D20）	实际值	实际值
旅游休闲（D21）	实际值	实际值
生态服务（D22）	实际值	实际值
林下经济（D23）	实际值	实际值
适龄儿童入学率（D24）	入学人数，未入学人数	入学人数/（未入学人数+入学人数）
低保医保覆盖率（D25）	参加低保医保人数、未参加低保医保人数	参加低保医保人数/（未参加低保医保人数+参加低保医保人数）
提高农民环保意识（D26）	对退耕还林工程的认知率、支持率	支持人数/总人数
合理转移农村劳动力（D27）	非务农农户、全部农户	非务农农户/全部农户
产业结构变化（D28）	土地利用结构调整、饲养业结构调整、种植业结构调整、农村经营结构调整、农村能源结构调整	农户收入来源的组成
加快新农村建设（D29）	城镇化、交通、信息、水、电	城镇化、交通、信息、水、电利用情况

7.3.5 结果与分析

7.3.5.1 评价指标实际值与评价值的确定

在确定实际值时，主要以实施退耕还林以来1999—2018年的中国林业统计年鉴和第六、七次森林资源清查数据为依据，根据各层指标权重确定方法、指标层各指标的参照值与实际值确定方法，计算出内蒙古自治区退耕还林工程综合效益评价的29个指标（表7-19）。

第 7 章 退耕还林工程的综合效益层次分析研究

表 7-19 退耕还林工程综合效益评价指标体系

总体层	系统层 指标	权重	标准层 指标	权重	指标层 指标	权重	价值量 2007 年	价值量 2018 年	评价
黄河上游退耕还林工程综合效益评价指标体系（A）	生态效益指标（B1）	0.5675	保育土壤（C1）	0.2370	保土（D1）	0.6900	3 701 333.547	8 043 282.339	1.00
					固肥（D2）	0.3100	5 807 801 879	11 634 853 115	1.00
			林木养分固持（C2）	0.0646	氮固持（D3）	0.3529	10 948.517 35	57 809.554 38	1.00
					磷固持（D4）	0.3102	703.833 258 1	3 716.328 496	1.00
					钾固持（D5）	0.3369	5 734.937 658	30 281.195 15	1.00
			涵养水源（C3）	0.1237	调节水量（D6）	0.6457	305 544.665 9	1 333 818.725	1.00
					净化水质（D7）	0.3543	106 401.244 9	695 367.019 4	1.00
			固碳释氧（C4）	0.1670	固碳（D8）	0.3543	1 486 707.5	3 169 572.962	1.00
					释氧（D9）	0.6457	193 879.994 7	1 023 710.859	1.00
			净化大气环境（C5）	0.0940	提供负离子（D10）	0.3658	177.69×10^{25}	332.42×10^{25}	1.00
					吸收气体污染物（D11）	0.3732	2.383 358 388	10.700 867 81	1.00
					滞尘（D12）	0.2610	251 511 410.4	564 621 411.7	1.00
			森林防护（C6）	0.1039	防风固沙（D13）	1.0000	847.820 493 2	1 617.125 791	1.00
			生物多样性（C7）	0.1402	物种资源保育（D14）	1.0000	928 726.508	2 084 910.864	1.00
			森林生态系统服务修正系数（C8）	0.0696	森林生态系统服务修正系数（D15）	1.0000	0.30	0.25	1.00
	经济效益指标（B2）	0.2726	涉林第一产业产值（C9）	0.4856	育种育苗造林（D16）	0.5684	893 235	1 992 049	1.00
					木材（D17）	0.1221	308 353	69 060	-0.77
					经济林（D18）	0.3095	2 074 132	12 183 059	1.00
			涉林第二产业产值（C10）	0.1721	木材加工与制造（D19）	0.5123	439 053	1 660 875	1.00
					非木质林产品加工制造（D20）	0.4887	12 713	1 760 960	1.00
			涉林第三产业产值（C11）	0.3423	旅游休闲（D21）	0.3887	109 261	2 707 070	1.00
					生态服务（D22）	0.2564	0	271 964	1.00
					林下经济（D23）	0.3549	0	1 608 277	1.00
	社会效益指标（B3）	0.1599	可量化的社会效益（C12）	0.4337	适龄儿童入学率（D24）	0.4668	1	1	1.00
					低保医保覆盖率（D25）	0.5332	1	1	1.00
			潜在的社会效益（C13）	0.5663	提高农民环保意识（D26）	0.2341	1	1	1.00
					合理转移农村劳动力（D27）	0.2544	1	1	1.00
					产业结构变化（D28）	0.3222	1	1	1.00
					加快新农村建设（D29）	0.1895	1	1	1.00

注：除森林生态服务修正系数（D15）、社会效益指标（B3）中各指标（D24、D25、D26、D27、D28、D29）外，其他指标价值量单位为万元。

7.3.5.2 退耕还林工程综合效益的评价

（1）确定评价等级。采用综合指数法，根据指标赋权、赋值，逐层汇总的原则和方法，就可以对黄河上游退耕还林工程的综合效益计算得分，并给予总评价。在核算完各评价指标的综合得分后，需要确定评分等级。根据国内外研究成果和退耕还林工程检查验收标准和评定方法，并征询了相关专家的意见，将退耕还林工程建设情况分为4个等级，即60分以下为不合格，60~79分为合格，80~89分为良好，90分以上为优秀。

（2）计算综合指标得分。由计算综合指标的函数可计算出退耕还林工程综合评价指数为83.08。退耕还林工程综合效益是良好。生态效益指数为56.75，经济效益指数为19.05，社会效益指数为7.28。在计算过程中，只有涉林第一产业木材产值出现了负效应，这是由于实施退耕还林后，大幅度地减少采伐量因而该项指标出现负值。另外，在计算中有的三级指标和四级指标都是一个指标，因而其评价值为1。

7.4 小结

本研究采用专家打分法和运用层次分析法（AHP）构建了内蒙古自治区退耕还林工程综合效益评价指标体系，由三个层次29个指标组成，总目标层为内蒙古自治区退耕还林工程综合效益，准则层为经济效益、社会效益、生态效益，指标层由29项指标组成。

本研究通过对退耕还林工程综合效益评价指标体系进行了层次分析法研究，得出了退耕还林工程综合效益中各项评价指标的权重，进行了一致性检验，并做出了综合效益指数计算，其评价结果为退耕还林工程综合效益指数为83.08，生态效益指数为56.75，经济效益指数为19.05，社会效益指数为7.28。

内蒙古自治区退耕还林工程的实施，为改善生态环境、维护国土生态安全发挥了重要保障作用，为经济社会可持续发展奠定了基础，为建设我国生态屏障做出了重要贡献。但是，由于受到收集数据资料的限制，在运用层次分析法确定权重时受到主观因素的影响，在一定程度上会影响评价指标体系的科学性。因此，对我国实施退耕还林工程以来，产生的综合效益进行全面的、科学的评价，还有待于进一步研究。

第8章 内蒙古自治区退耕还林工程生态补偿机制研究

8.1 退耕还林生态补偿机制研究背景

我国是世界上生态环境脆弱的国家之一。由于气候与地理条件的原因，形成了长江和内蒙古自治区地区、喀斯特岩溶地区、黄土丘陵沟壑区、干旱荒漠区和海岸带等一系列典型生态脆弱区，在高强度的人类干扰下，由于缺乏有效的生态保护机制，造成具有重要生态功能，或生态高敏感区不合理开发，从而加剧了一系列生态环境问题和生态灾害的发生，如水土流失、草地沙化、石漠化、沙尘暴、泥石流、滑坡等，人与自然的矛盾越来越尖锐。正因如此，我国实施了天然林资源保护工程、退耕还林工程等生态保护工程。我国退耕还林工程自1999年开始在四川、陕西、甘肃等地进行试点，从2000年起全面实施退耕还林工程，工程区涉及全国25个省（自治区、直辖市）和新疆生产建设兵团，包括东北黑土区、西北黄土区、北部风沙区、青藏高原区、西南高山峡谷区和中南部山地丘陵区六大区域，工程面积达到 $2.94 \times 10^7 \text{ hm}^2$，涉及3 200多万家农户、近1.24亿名农民，资金达到3 262亿元（郭慧 等，2014），以生态脆弱区为重点的生态保护网络基本形成，有效地遏制了生态继续恶化的局面。近年来，我国经济快速发展，但环境污染和生态破坏问题也日益加剧，严重阻碍我国经济社会的可持续健康发展。而且，人们对自然资源的过度开发使生态系统满目疮痍，人类赖以生存的自然环境遭到严重威胁，最终导致生物多样性面临严重的危机。

生态系统具有重要生态功能，对保障国家生态安全发挥重要作用。根据有关研究，目前对我国生态安全具有重要作用的区域有50余个，主要包括水源涵养、防风固沙、洪水调蓄、生物多样性保护、水土保持等重要生态功能区。这些重要生态功能区对我国生态安全发挥了十分重要的作用。但这些重要生态功能区仍缺乏有效的保护机制，生态功能仍面临威胁，由于退耕还林工程区是我国贫困人口主要分布区，许多地区仍处于生态退化—贫困化的恶性循环之中。生态脆弱区面积大，生态退化严重，是我国生态保护所面临的基本国情之一。加上这些区域也多位于偏远地区，社会经济发展落后，生态保护与发展矛盾仍然突出，建立生态补偿机制是促进我国生态保护、协调区域发展一项重要制度设计。2000年，国务院正式颁布《生态环境保护规划纲要》，要求国内各地从实际情况出发制定相应的生态环境保护规划，各相关部门应进一步加大对自然环境的保护力度，从而有效遏制自然环境不断恶化的趋势。2002年在全国启动。国务院2002年颁布的《退耕还林条例》中提出利用退耕还林工程保护生态环境，并规定国家向森林、草地环境脆弱恶化地区的农民发放粮食、资金、种苗费等补助补偿，标志着中国退耕还林生态补偿政策正式形成。中国第一阶段退耕还林补偿政策于2007年到期，并取得了巨大的生态效益，在国际上也产生了较大的影响，但是在总体上生态恢复效果与预期还有一定差距，在实施过程中存在"一刀切"政策、宜耕地"被退"、毁林复耕等现象和问题，说明第一阶段退耕还林政策存在不合理之处。2014年，新一轮退耕还林工程启动，退耕还林生态补偿政策在退耕规模、退耕模式以及补偿标准等方面做出了新的调整。

从退耕还林工程启动至今，大量研究从"谁来补、补给谁、补多少"这一关键问题出发，并围绕退耕还林补偿制度、补偿资金、补偿法律、补偿标准、补偿年限、补偿意愿等主题开展了大量的研究。退耕还林建设需要建立起长效的生态补偿机制，只有长效的退耕还林生态补偿机制才能长远地解决退耕农户的生计问题，解决农户生计问题才能使退耕还林生态补偿政策具有可持续。因而退耕还林生态补偿问题在退耕还林工程的政策制定、实施和评价中都具有重要意义，因此也一直受到很多学者的关注。2005年，中共十六届五中全会明确指出应该按照"谁开发谁保护、谁受益谁补偿"的原则构建生态补偿体制机制。同年，国务院正式印发全面贯彻落实科学发展观加强自然环境保护的决定，文件指出全国各级财政部门应该加大对生态补偿活动资金支持力度，从而进一步完善环境保护制度规定，加快建设生态补偿体制机制。而且，党在十八届五中全会上提出"创新、协调、绿色、开放、共享"的新发展理念，习近平总书记在党的十九大报告中又将生态环境保护和生态文明建设提升到十分重要的战略高度，为我国新时代经济社会持续健康发展指明了方向。与此同时，各级政府部门为了贯彻落实科学发展观和人与自然和谐共处的发展理念，通过各种措施大力推进生态补偿的试点工作，努力实现生态补偿涉及主体之间的利益均衡，从而构建和谐稳定的发展环境。生态补偿通过一定的环境保护激励可以解决人类目前面临的生态环境问题，为加强环境保护与平衡相关主体利益关系提供了解决方案，有利于促使自然生态系统实现良性运转并促进生态补偿公平。因此，全面回顾和总结国内外专家学者在生态补偿这一领域的研究成果，重点分析生态补偿相关体制机制在实际运行过程中面临的难题，并积极探索生态补偿未来的发展方向，可以为我国专家学者开展生态补偿这一领域的理论与实践研究工作提供有益参考。

随着国内生态文明的不断发展，我国将生态补偿作为生态文明建设的重要内容，多次提出建立反映市场供求和资源稀缺程度、体现生态价值和生态资源有偿使用制度和生态补偿制度。2017年10月，党的十九大报告更是将"建立市场化、多元化生态补偿机制"列为"加快生态文明体制改革，建设美丽中国"的内容之一。目前，国内大部分地区陆续开展生态补偿工作，但基本处于探索阶段，体制机制尚不完善。因此，分析总结国内外生态补偿的研究进展和实践案例对各地生态补偿机制的建立具有十分重要的意义。

8.2 国内外退耕还林生态补偿机制研究综述

生态补偿对于生态建设具有重要的作用。生态建设是从根本上解决农村经济发展问题的一条出路，退耕还林工程又是解决生态问题的一项重大举措（国家林业局，2015）。退耕失地造成农民利益受损，研究生态补偿一度成为研究热点。虽然在经过一定的时间和空间后，当地农民认同了生态建设工程；但是，实施退耕还林工程后减少了农民在土地上获取的收益（Krishna，2013），如果生态补偿工作没有做好，还会出现退耕区返耕现象。生态保护与农民的生存权、发展权与环境权之间的矛盾冲突还会日益加剧（黄锡生 等，2017），区域经济的发展在一定程度上会受到影响，而生态补偿正是解决生态保护与经济社会发展这一矛盾的措施（宋福强 等，2017），这也是近年来生态补偿成为研究热点原因之所在。

8.2.1 国外退耕还林工程生态补偿研究

生态补偿得到了国内外学者的广泛关注，在生态补偿政策的制定与应用等方面进行了大量的研究。

哥斯达黎加的环境服务补偿计划是全球著名的生态补偿项目之一，该项目对植树造林、退耕还林、森林管理等森林保护措施进行补偿；厄瓜多尔和墨西哥的生态补偿项目对退化草场的恢复活动以及植树造林活动进行补偿；中国的退耕还林（草）工程补偿则是用实物和现金的方式补偿参与农户的各种造林投入以及粮食生产损失；英国农业生产者协助政府进行环境管理并改善动物生境，政府对参与者所付出的投入以及承受的损失进行补偿；水资源也是生态补偿项目关注的重要领域，哥伦比亚、厄瓜多尔、墨西哥等国都施行相关的补偿计划为水源保护以及水资源管理活动进行支付，中国东江流域的生态补偿也是为水源保护支付的典型案例；此外，在农业、湿地、流域等领域也有大量的生态补偿实践，这些实践探索在一定程度上促进了生态环境保护和社会经济的可持续发展。由于涉及生态安全的要素多、生态补偿的利益相关方复杂、生态补偿载体多样、生态补偿范围确定难度大等实际问题，使目前绝大多数研究都是个案分析，包括生态补偿范围、生态补偿标准、补偿方式等有关生态补偿机制的关键问题均未形成成熟的思路和方法。本研究拟在分析我国生态补偿实践所面临问题的基础上，探讨建立国家生态补偿机制的思路与对策。

保护目标选择的问题，最初是从生态学角度出发，特别是在自然保护区的选址设计问题上，因为不同的自然保护区选址（包括保护区面积和位置等）对于保护物种存活率产生不同影响。研究者结合自然保护存在成本和预算约束的现实，从经济学角度阐述了两种生态保护目标选择模型：在确定保护物种数量的前提下，最小化保护区数量的集合覆盖问题和在确定预算的前提下，最大化受保护物种数量的最大集合问题，旨在通过保护目标的选择，提高保护政策的效率。

在生态补偿领域，伴随着美国 1985 年农业法案的颁布和各类生态补偿项目的实施，生态补偿政策设计中也开始引入补偿目标选择，即在生态补偿的政策设计中明确补偿目标选择的依据，并据此确定哪些目标对象应该纳入补偿项目以及纳入的优先序。早期文献中，研究者针对土壤生产力，采用单一的农业指标，对保护休耕计划的补偿目标选择进行了研究。其他研究者则考虑了预算约束对于保护目标选择的限制，在固定预算下，基于耐久性和生产力两方面保护效益的评估，进行补偿目标的选择。此后，生态补偿目标的选择由原先单一的考虑生态效益逐渐转变为综合考虑收益和成本等经济评估依据。研究者针对固定预算下的环境收益最大化问题，进一步将成本和收益综合起来进行分析，构建了在四种不同的政策目标下的生态补偿目标选择标准。一是成本目标，即选择成本最低的地块进行补偿；二是收益目标，即选择单位环境收益最高的对象；三是收益-成本目标，即选择单位成本下环境收益最高的对象；四是收益最大化目标，即最大化总的环境收益。研究证明选择不同的生态补偿对象会影响补偿的收益，带来不同的利益分配结果，并分析了不同补偿目标选择策略对于不同利益集团，包括消费者、生产者、劳动者和环保者的影响，说明了不同利益集团对于目标选择的偏好不同。其他研究者则进一步考虑不同补偿对象（如地块）的空间差异性，并将由此带来的影响考虑到补偿目标选择之中。

从上述国际上的理论演进可以看出，生态补偿目标选择，旨在更"精准"地选择最符合政策要求的补偿目标对象，以改进补偿政策的效率和效果。毫无疑问，这是建立和完善生态补偿机制的核心问题之一，对提高生态补偿的生态效率和资金效率都具有非常重要的意义。

8.2.2 国内退耕还林工程生态补偿研究

自 1996 年国务院《关于环境保护若干问题的决定》中提出要"建立并完善有偿利用自然资源和恢复生态环境的经济补偿机制"以来，中国已经开展了 20 年的生态补偿政策实践。1997 年国务院《关于加强生态保护工作的意见》中明确提出"谁开发谁保护，谁破坏谁恢复，谁受益谁补偿"的方针。2001 年中央财政建立森林生态效益补助资金。2002 年，为了减少水土流失和缓解中国环境脆弱地区的贫困状况，国家出台《退耕还林条例》，并全面启动退耕还林计划。此后，国家与各地方开始了各种生态补偿项目的尝试，2007 年国家环保总局出台第一部关于生态补偿专门性的部门规章《关于开展生态补偿试点工作的指导意见》。2009 年，财政部印发《国家重点生态功能区转移支付（试点）办法》的通知，中央财政在均衡性转移支付项下设立国家重点生态功能区转移支付。

截至目前我国已经实施了包括退耕还林、退耕还湿、重点生态功能区转移支付等生态补偿政策，投入了大量的财政资源。其中，较大规模的项目，如退耕还林已经投入 4 500 亿元资金生态补偿的本质是提供一种供给生态服务的激励。然而，公共财政资源终究是有限的，生态补偿不可能补偿所有提供生态服务的地区。考虑到已经投入和预计需要继续投入的庞大财政资金需求，提高生态补偿资金使用效率对于优化生态补偿机制、改善生态补偿效果至关重要。国内的生态补偿政策设计研究主要关注补偿概念、补偿标准、支付方式等生态补偿政策的要素。目前国内并未见对不同的补偿目标选择依据及其对政策效果的影响开展深入的经济分析，而是由生态学和地理学相融合，直接切入生态补偿目标的空间选择，单一地采用成本-收益目标作为补偿对象选择的依据，在测算出成本-收益比后，确定研究区域内的补偿目标优先排序（戴其文，2010），或对补偿的生态效益与补偿资金进行空间分布的分析。

具体而言，生态补偿的研究主要涉及四个方面的内容：一是生态权益的责任划分。生态补偿中涉及破坏方、获益方、损失方三者的主体责任和各自的权益，对于采矿企业对当地植被、土壤等生态环境的破坏和"高污染、高能耗"的造纸、水泥、化工、炼铁等中小企业对当地环境的破坏实行"污染者付费，受益者补偿"没有太多争议，而对于因"开荒毁林、过度放牧"而造成生态破坏的农牧民承担破坏生态的主体责任争议较大。二是补偿对象。生态移民是生态保护建设的直接参与者和利益相关者，生态移民为了国家的生态建设放弃了原本享有的权益,理应得到相应的补偿(韩雅洁,2017)。农户的生计问题因为生态补偿而发生了改变,国内外大多学者主要从生计资本、生计活动、生计策略等多个角度进行研究。三是生态补偿的种类。按照"谁污染、谁治理"、"谁受益、谁出资"的生态补偿原则,主要有政府提供的生态补偿(李敏 等,2016)、破坏方提供的生态补偿和获益方给予生态保护区的损失以补偿(张林洪 等,2017)。生态补偿又是以生态系统服务为基础,对土地补偿、建设成本补偿、移民身心损害补偿,生态功能补偿(如涵养水源、保土固肥)、生态污染补偿(如空气、水、土壤)等几方面进行生态补偿(欧阳志云 等,2013)。四是生态补偿标准。生态补偿标准核算涉及的问题较多,比较受关注的是生态功能区域(陆地、森林、草原、湿地、海洋等)、土地功能(林地、草地、耕地)、生态恢复难易程度等等(孙贤斌 等,2012;井美娟 等,2012;仲娜,2014),大多采用机会成本法、市场替代法来计算(魏晓燕 等,2013;李屹峰 等,2013)。邵传林等(2010)从农户、地方政府和中央政府博弈的角度探讨了退耕还林工程实施中确定的补助标准和补助年限。

8.2.3 退耕还林工程生态补偿研究评述

国内外对生态补偿进行了富有成效的研究,也存在不少差异。在生态补偿的原则方面,国外生态补偿强调"受益者付费",我国在此基础上更关注环境破坏者需要赔偿。在补偿标准计算方面,国外依据交易自愿原则,通过生态环境服务买卖双方协商来达成补偿标准和支付意愿;我国在生态补偿标准上更加注重科学性和公平性。在补偿模式上,国外主要通过市场机制实现,我国目前更多的是依靠政府主导推动。在补偿方式上,国内外都比较多元化,但国外更偏向货币化补偿,国内则运用较多的补偿方式,包括政府转移支付、政策补偿、项目补偿等。在资金来源方面,国外生态补偿是市场机制主导型,通常来自私人部门,国内生态补偿资金则以中央和地方政府资金为主。

8.3 退耕还林生态补偿理论与实践

生态补偿是经济学、环境学与生态学这三个学科交叉后形成的一个概念,指的是对被破坏的生态系统进行异地重建、修复进而弥补生态损失的办法,流域生态补偿则是由流域的受益主体向保护主体进行多种补偿方式的补偿,这里的受益主体指的是流域生态的污染者,保护主体则是流域生态被破坏而导致自身的发展受到影响的受害者,补偿方式则包括了政策补偿、技术补偿及资金补偿。

生态补偿理论是人类在经济社会发展与生态环境和谐发展过程中逐步形成的。生态补偿概念兴起于20世纪70—80年代的西方发达国家,其早期内涵是在生物多样性缩减日益明显的背景下,通过增加公众利益来促进生态保护制度的建立从而实现整体社会效益的增加(Wunder,2015)。1992年联合国里约热内卢环境与发展大会召开后,生态补偿问题受到各界的关注度日益提高,加之在实践中不断涌现出生态补偿的案例,因此,在多个学科领域中生态补偿已成为研究的热点(Kelly et al.,2013)。

在实践方面,我国从改革开放伊始就将治理环境污染、防止环境破坏和促进生态修复纳入国家发展的顶层制度设计中，如早在 1979 年就颁布了《中华人民共和国环境保护法》（试行），并提出了"谁污染谁治理的原则"。经过 40 余年的政策和实践演化，我国生态补偿已从最初的环境保护附属政策，发展为独立的环境施政策略以及分项政策和综合政策组合的完善阶段。

在生态补偿理论研究方面，我国学者主要围绕生态补偿的概念内涵、政策法规、国外经验、补偿类型、补偿标准和机制构建等内容展开，并且具有明显的交叉学科特点，涉及经济、管理、法律和环境等多学科领域。早期，学者们主要关注生态补偿的概念内涵和理论基础。目前研究来看，生态补偿的概念仍未得到统一，基于不同的学科视角和理论基础，学者们的理解和阐释存在一定的差异；但其核心都是如何解决生态环境保护和治理过程中的外部性问题，根本目的是要实现生态环境与经济社会和谐共处的高质量发展。随着生态补偿理论与实践的深入开展，学者们开始拓展研究范围，部分学者从法律视角探讨了生态补偿的法理基础和法律制度，研究者探讨了生态补偿法律化的必要性和推进思路。部分学者则通过对国外生态补偿相关理论和经验的介绍分析，为我国生态补偿研究与实践提供经验借鉴。

8.3.1 生态补偿的基本概念和理论基础

8.3.1.1 基本概念

生态补偿是以保护生态环境、促进人与自然和谐发展为目的，根据生态保护成本、生态系统服务价值、发展机会成本，综合运用法律、行政和市场手段，调整生态环境保护和建设相关者之间利益关系的环境经济政策。生态补偿的目的不仅包括控制生态破坏的层面、通过补偿使因生态资源的使用导致的生态功能的降低或丧失得到部分恢复或完全恢复，还蕴含着扶贫、促进社会公平等目的。国外生态补偿的概念用生态服务付费（Payments for Ecological／Environmental Services，PES）来代替。生态服务付费，即由于享用了生态服务，因此进行支付的活动。

8.3.1.2 理论基础

国内外有关生态补偿的研究，大多基于以下理论基础。

（1）公共物品理论。"公共物品"定义是由新古典经济学家 Samuelson 提出的，是指不论个人是否有消费意愿，都能使全部社会成员获益的物品；反之，私人物品是指能够分割并供不同人消费，并且对他人不存在外部受益或成本的物品。使用的"非排他性"和"非竞争性"是公共物品的两个重要特点。公共物品存在非排他性，导致"搭便车"问题的产生，而发生"公地悲剧"。

（2）外部性理论。外部性概念由新古典学派的创始人 Alfred Marshall 提出。公共产品一般会产生外部性，外部性可以分为外部经济性和外部不经济性。外部经济指在市场经济中，一个市场主体的行为致使他人受益，而受益者却无须为此支付费用的现象；外部不经济指一个市场主体的行为使他人受损，而经济行为个体却没有为此承担成本的现象。

（3）生态系统服务价值理论。生态系统服务的概念最早由 Holdren 和 Ehrlich 提出，生态系统服务就是由自然生态系统的生境、物种、生物学状态、性质和生态过程所产生的物质和维持的良好生活环境为人类提供的直接福利。联合国千年生态系统评价

（MA）与相关学者关于生态系统服务价值的研究为生态补偿机制的构建提供了良好的理论基础。生态系统服务价值指生态系统不但能够将直接产品提供给人们，还能提供调节、供给、支持、文化等功能价值，使人们在生态系统中得到收益，且这些间接收益往往大于其提供的直接产品收益。

（4）区域分工理论。区域分工指各区域为了获得资源配置的高收益而进行专业化生产，并通过国际贸易实现专业化利益的区域经济空间组织方式。区域分工理论是社会分工理论在经济地理空间上的表现形式，也是区域经济学中分析区域关系问题的基础性理论，其认为合理的区域分工可以提高资源的空间配置效率。

（5）资源环境的价值理论。价值不仅仅是经济学领域的范畴，生态也是有价值和效益的，在该方面，存在以下几种观点。劳动价值论，由马克思提出，人类的劳动创造了价值与使用价值，从而增加整个社会和经济价值。生态补偿理论，社会经济系统与大自然是不可分割的整体，当大自然为社会经济系统作出贡献，附加自身的价值的时候，也要求社会经济系统对大自然作出生态补偿。哲学价值理论，在人类与大自然需要和谐共处，共同发展，人类活动要尊重自然规律，而且随着社会的进步和经济的发展，人类发现大自然的价值之于人类越来越重要。效用价值理论，对于有效用的物品，是需要有偿使用的。大自然是有价值且是不能无偿使用的，是需要给予补偿的。对退耕还林（草）工程的农户要进行生态补偿。

8.3.2 内蒙古自治区退耕还林工程生态补偿实践

退耕还林工程生态补偿机制在经济理论上就是实行生态保护经济的外部性的内部化，让生态建设和生态保护者能享受到其成果带来的经济利益，并让生态保护成果的受益者支付相应的费用，从而通过制度设计实现生态功能这一特殊"公共产品"生产者与使用、消费者之间的公平性，保障生态功能的投资者得到合理回报，激励"生态服务功能"产品的可持续生产，以促进我国人与自然的和谐。因此，建立生态补偿机制的对策与基本思路。

内蒙古自治区退耕还林工程生态补偿机制的实施原则。根据我国生态环境问题的特征和国家生态安全的需要，建立生态补偿的机制应遵循以生态系统服务功能为科学基础、保护生态者受益、受益者补偿、政府主导、全社会参与、权利与责任对等原则。

（1）以生态系统服务功能为科学基础的原则。生态补偿要以生态系统服务功能为基础，充分体现在水源涵养、土壤保持、生物多样性保护、防风固沙、碳固定、灾害防护、调节气候、环境净化、病虫害控制等方面。

（2）确保生态保护者受益的原则。"谁保护、谁受益""谁破坏，谁付费"。如果对生态保护者不给予必要的经济补偿，生态破坏者从中获益，就会严重影响保护者的积极性和保护行为，引起生态资源的不合理利用，导致生态服务功能的不断退化，威胁生态安全。

（3）受益者补偿的原则。通俗地说就是"谁受益，谁付费"。生态保护的成果是向社会提供生态服务功能，生态服务功能是一类特殊的公共产品，按照市场经济社会的普遍原则，享受产品和服务的个人和社会应该向该产品和服务的提供者付费。

（4）政府主导、全社会参与的原则。生态保护是一场全社会参与的歼灭战。政府有责任代表全民建立和实施生态补偿制度，同时，作为生态系统保护成果的受益人、企业和团体也应积极参与。

（5）充分体现权利与责任对等的原则。生态补偿的目的是实现生态系统保护，从而提供持续的生态系统服务功能，生态保护的效果是衡量生态补偿政策实施效果最重要的方面，因此在生态补偿政策设计过程中，必须明确受偿者在得到补偿之后生态保护的责任、范围、面积，将权利与义务统一起来，使生态补偿切实发挥作用，最终达到生态保护的目的。

内蒙古自治区生态补偿地域的实施范围：由于生态保护的目的是保护生态功能，因此确定生态补偿的地域范围时，也必须以生态服务功能为基础，评价不同地域生态服务功能重要性，以明确对国家、区域或特定城市生态安全有重要意义的地域和生态系统。并根据其重要性程度与等级，确定生态补偿的优先次序。根据我国生态安全的要求，森林生态系统服务功能主要包括森林在涵养水源、保育土壤、固碳释氧、积累营养物质、净化大气环境、森林防护、生物多样性保护和森林游憩等8个方面提供的生态服务功能，并确定生态补偿地域范围。

内蒙古自治区生态补偿的载体与补偿对象：根据生态补偿载体的土地所有权属和使用权属特征为基础，确定退耕还林工程生态补偿对象为拥有和使用集体土地的农民、牧民。

内蒙古自治区生态补偿经济标准核算方法：一是以农民在退耕还林（草）过程中的经济损失为依据进行补偿。二是依据退耕还林（草）生态效益的经济价值进行补偿。三是依据经济学的相关理论手段确定补贴办法来核算。四是生态补偿经济标准（即生态补偿金额）的确定应考虑生态保护所导致的直接经济损失在生态保护中，保护生态者直接受到的经济损失；生态保护地区为了保护生态功能而放弃的发展经济的机会成本；生态保护的投入测算用于生态保护的直接经济投入，生态保护的物质投入、劳动投入、管理费用等。五是综合考虑各地环境、经济、社会等各方面因素，确定生态补偿等级，制定生态补偿标准，确立生态补偿额度（表8-1）。

表8-1 制定补偿等级的参考指标

项目条件	参考指标	备注
生态环境条件	土壤侵蚀模数	
	坡度	
	年降水量	
	生态地位重要程度	距江河源头、两岸、湖库生态地位重要程度周围等的距离
林草植被状况	林草植被类型	生态林、经济林、草地等
社会经济因素	坡耕地粮产	
	种植业收入占比	

内蒙古自治区生态补偿的基本对策：我国的中西部区域是许多河流的发源之地，物种丰富，为我国的中部与东部地区的天然生态保护屏障。我国的经济与社会的和谐发展会受到西部地区生态改变的直接作用。因此，中共中央、国务院实施重大决策，将退耕还林（草）作为国策，是为改善西部地区的生态环境，这是治理沙患水患的基本着力点，只有切实践行这一国策，才能够从根本上贯彻"西部大开发"的发展战略。

将生态文明建设上升为国家战略，作为生态文明战略的重要组成部分的生态补偿受到了空前重视，相关领域的政策制度不断完善。在退耕还林（草）实施过程中，为了将退耕还林工程建设项目落到实处，国家针对退耕还林工程制定了实施的政策措施。退耕还林工程建设的基本政策如表8-2所示。

表8-2　退耕还林工程建设的基本对策

政策种类	具体方式
封山绿化	对已经遭到破坏的地表恢复植被，对没有破坏的地表严加保护，设置封禁区
退耕还林	根据工程区当地的现实情况，使耕地逐步退出，依据土地情况因地制宜，种植乔木、灌木或者草皮，恢复植被，减少水土流失影响，恢复生态环境
个体承包	采取承包到户的方式，将植树造林和保护植被的责任下放到每个农户手中，以责任制的方式，使责任与权力相结合，保护与收益相结合，改善环境且老百姓得到受益
以粮代赈	国家以无偿的方式提供一定的粮食，来补贴退耕还林（草）的农民，使农民得到保障，获得受益，在不损害人民利益的情况下，提高农户积极性，改善生态环境
鼓励政策	粮食和现金补贴、种苗和造林补贴、农业税减免、土地承包经营权期限

内蒙古自治区退耕还林工程生态补偿绩效考核：进行退耕还林工程生态补偿绩效考核，通过生态补偿各项指标分析生态补偿所产生的生态保护绩效，进行退耕还林工程生态保护的投入与产出评价，综合生态补偿政策在生态效益、经济效益与社会效益等多方面的作用结果，建立生态补偿绩效考核机制，有效地提高退耕还林工程的建设与管理。

8.4　退耕还林工程生态补偿对生态因子的影响分析

8.4.1　我国退耕还林工程生态补偿机制

随着经济的快速发展，环境问题日益凸显，根据世界银行2007年《中国污染成本》的报告，中国环境污染所导致的直接、间接经济损失占GDP的4.8%，这迫使人们从各个方面不断寻求改善环境的方法。党的十八届五中全会提出"绿色发展"理念。生态补偿作为一种缓解环境污染、生态破坏与经济快速发展之间矛盾的新型的资源和环境管理方式，受到广泛重视，成为当前的研究热点，《中共中央关于全面深化改革若干重大问题的决定》及《生态文明体制改革总体方案》中都强调实行生态补偿制度的重要性。生态补偿的核算方法作为生态补偿研究的核心问题，近年来也取得了很大突破。

一些学者分别就流域生态补偿标准研究、草原生态补偿标准、森林生态补偿标准、湿地生态补偿标准、自然保护区生态补偿标准、矿产资源生态补偿标准等进行了详细研究。但是，在生态补偿标准中存在一些问题。一是生态补偿途径较为单一，缺乏充足的资金支持。我国生态补偿模式分为政府补偿和市场补偿两种，而政府补偿在其中占据主导地位，政府主要通过财政转移支付方式对生态补偿对象进行补偿。可是我国目前财政支付能力有限，无法完全满足补偿需求。二是对补偿标准的认识较为片面，价格评估不甚合理。确定生态补偿的核算方法一般有生态服务价值法、外部收益法、支付意愿法和机会成本法等，但是具体实践中往往只考虑机会成本法，而对于受偿者的机会成本构成又缺乏全面的考虑，结果就导致受偿者的损失不能完全得到补偿，损害了生态保护的积极性。三是补偿分类不够细致，没有充分考虑空间差异。当前的生态补偿只针对不同的大区域做了初步区分，没有针对区域类型和补偿对象的不同而进行较为细致的分类补偿。而我国幅员辽阔，仅仅从大区域划分补偿范围不能科学客观地反映补偿标准。

目前，我国在退耕还林工程实施过程中采用的生态补偿标准：针对长江流域和南方地区，退耕地以每公顷为单位向每个农户补贴粮食2 500 kg，而在黄河流域与北方地区，退耕地以每公顷为单位向每个农户补贴粮食1 600 kg，所有农户退耕地以每公顷为单位每年补贴现金300元。退耕还草补贴至少两年，退耕还经济林补贴至少五年，生态林方面补贴至少八年。此外，在种苗和造林补贴方面，国家也给予补助，为包地到户的农民以每公顷750元为标准进行补贴。

在国家实施退耕还林（草）项目工程之后，截至2018年，在整个内蒙古自治区退耕还林工程研究区，累计完成退耕还林面积3 482 483 hm^2，完成造林面积8 623 162 hm^2，累计实有封山造林面积5 144 613 hm^2，建设面积相当可观。国家退耕还林（草）项目工程已进入维持和巩固的环节，让国家退耕还林（草）项目工程的生态效益价值、社会效益价值、经济效益价值得以长时间地、可持续地发挥作用。

目前，我国生态补偿措施主要有森林生态效益补偿和生态转移支付等，生态补偿的项目主要有天然林资源保护工程、退耕还林（草）工程。天然林资源保护工程1998年启动，涉及全国17个省（区、市）的天然林7 300 hm^2，占全国1.07亿 hm^2天然林的69%。中央财政投入资金7 840亿元，地方配套178亿元。退耕还林工程于1999年启动，10年国家财政投入2 332亿元，全国累计实施退耕还林任务0.28亿 hm^2，其中退耕地造林0.09亿 hm^2，荒山荒地造林和封山育林0.18亿 hm^2。工程范围涉及25个省（自治区、直辖市）和新疆生产建设兵团的2 279个县、3 200万家农户、1.24亿名农民。森林生态效益补偿于2001年启动，对国家重点生态公益林，即生态地位极为重要或生态状况极为脆弱，对国土生态安全、生物多样性保护和经济社会可持续发展具有重要作用，以提供森林生态和社会服务产品为主要经营目的的重点防护林和特种用途林，进行经济补偿。

内蒙古自治区退耕还林工程从2000—2018年，国家投放内蒙古自治区粮食补贴累计12 591 648万元，生活费补贴累计1 829 835万元（表8-3）。

表8-3 内蒙古退耕还林工程粮食补贴、生活费生态补偿费用　　　单位：万元

年度	粮食补贴		生活费	
	累计	本年度	累计	本年度
2000年		19 024		
2001年		13 079		
2002年		6 647		
2003年	31 915	19 008		
2004年	880 811	112 543	54 244	22 288
2005年	1 085 731	173 390	75 468	25 133
2006年	751 137	188 919	106 391	26 817
2007年	451 597	81 236	64 529	11 601
2008年	1 133 399	181 044	162 597	27 444
2009年	1 294 847	175 440	190 104	27 325
2010年	1 417 201	125 772	218 958	28 508
2011年	1 806 541	75 254	258 777	35 635
2012年	1 861 702	48 349	331 712	65 963
2013年	1 876 767	19 930	367 055	39 016
2014年				
2015年		115 238		30 974
2016年		102 235		14 986
2017年		97 957		35 033
2018年		79 636		37 429
合计	12 591 648	1 634 701	1 829 835	428 152

8.4.2 退耕还林工程生态补偿机制对生态因子的影响分析

实施退耕还林工程，可以有效地改善生态环境，解决土壤侵蚀、流失等问题，通过提高土壤的保水能力，减少地质灾害的发生。为了比较生态补偿对生态环境因子的影响程度，文献根据植物群落特征及与水环境因子相关性，实现影响分析；文献提出利用CORS直接测量城市环境。两种传统分析方法根据退耕还林工程数据信息，结合工程实地现状，完成对生态环境因子的影响分析。但由于分析数据的大小不同、类型不一，要求严格的两个分析方法，得到的分析结果偏离实际，因此提出全新的影响分析方法，利用该方法忽略对数据格式和规格的要求，实现更加符合实际的影响分析，为生态环境治理和发展，提供完善的技术支持。

8.4.2.1 退耕还林工程生态补偿对环境因子的影响分析方法

(1) 退耕还林工程数据包分析模型的建立。数据包分析模型可以通过多输入、多输出，计算退耕还林工程的服务转化率。分析模型假设存在 m 个决策单元，a 种输入类型，b 种输出类型。已知 u_{ij} 为第 j 个模块的第 i 个输入投入量，存在 $u_{ij}>0$；v_{kj} 为第 j 个模块的第 k 种输出量，$v_{ij}>0$；h_i 对第 i 种输入的一种度量，g_i 为对第 i 种输出的一种度量，其中 $i=1, 2, \cdots, a$；$k=1, 2, \cdots, b$；$j=1, 2, \cdots, m$。则存在方程组：

$$\begin{cases} u_j = (u_{1j}, u_{2j}, \cdots, u_{aj})^T, j=1, 2, \cdots, m \\ v_j = (v_{1j}, v_{2j}, \cdots, v_{aj})^T, j=1, 2, \cdots, m \\ h = (h_1, h_2, \cdots, h_a)^T \\ g = (g_1, g_2, \cdots, g_b)^T \end{cases}$$

对于度量系数 $h \in E^a$ 和 $g \in E^b$，即 h 为 a 维实数向量，g 为 b 维实数向量，则数据包分析模型对退耕还林工程的效率评价指数如下。

$$p_j = \frac{\sum_{k=1}^{b} g_k v_{kj}}{\sum_{i=1}^{a} h_i u_{ij}}$$

根据退耕还林的区域面积参数、树种类型等参数，计算单位叶面积滞纳颗粒物量。利用数据包分析模型，完成对退耕还林工程服务转化率的计算。

(2) 生态补偿背景下计算环境当量因子。延续上一节的研究，可知生态系统服务功能需要利用当量因子法作为分析影响效果的基本方法，表 8-4 是 700 多位专家学者，在生态补偿背景下，对生态系统中各项生态服务的研究成果。

表 8-4 生态系统当量因子

生态系统		供给服务			支持服务		
一级分类	二级分类	食物生产	原料生产	水源供给	土壤保持	养分维持	生物多样
农田	水田	1.36	0.09	-2.63	0.01	0.19	0.09
	旱地	0.85	0.4	0.02	1.03	0.12	0.06
森林	针阔混交	0.31	0.71	0.37	2.86	0.22	1.14
	阔叶	0.29	0.66	0.34	2.65	0.2	1.06
	针叶	0.22	0.52	0.27	2.06	0.16	0.82
	灌木	0.19	0.43	0.22	1.72	0.13	0.69
草地	灌草丛	0.38	0.56	0.31	2.4	0.18	0.96
	草甸	0.22	0.33	0.18	1.39	0.11	0.56
	草原	0.1	0.14	0.08	0.62	0.05	0.25
水域	水系	0.8	0.23	8.29	0.93	0.07	1.89
	冰川积雪	0	0	2.16	0	0	0.09
湿地	湿地	0.51	0.5	2.59	2.31	0.18	4.73

续表

生态系统		供给服务			支持服务		
一级分类	二级分类	食物生产	原料生产	水源供给	土壤保持	养分维持	生物多样
荒漠	荒漠	0.01	0.03	0.02	0.13	0.01	0.05
	裸地	0	0	0	0.02	0	0.01

生态系统		调节服务			文化	
一级分类	二级分类	气体调节	气候调节	净化环境	水文调节	美学景观
农田	水田	1.11	0.57	0.17	2.72	0.09
	旱地	0.67	0.36	0.1	0.27	0.06
森林	针阔混交	2.35	7.03	1.99	3.51	1.14
	阔叶	2.17	6.5	1.93	4.74	1.06
	针叶	1.7	5.07	1.49	3.34	0.82
	灌木	1.41	4.23	1.28	3.35	0.69
草地	灌草丛	1.97	5.21	1.72	3.82	0.96
	草甸	1.14	3.02	1	2.21	0.56
	草原	0.51	1.34	0.44	0.98	0.25
水域	水系	0.77	2.29	5.55	102.24	1.89
	冰川积雪	0.18	0.54	0.16	7.13	0.09
湿地	湿地	1.9	3.6	3.6	24.23	4.73
荒漠	荒漠	0.11	0.1	0.31	0.21	0.05
	裸地	0.02	0	0.1	0.03	0.01

以表 8-4 中的专家评价结果为标准，计算生态补偿背景下，环境的当量因子。按照表中数据，将生态服务划分成 11 个服务功能，食物生产、原料生产、养分维持、生物多样、美学景观、气体调节、气候调节、净化环境，用 NPP 修正因子调节；水源供给、水文调节，根据降水量修正因子调节；土壤保持，则用土壤保持量修正因子调节。

植被净初级生产力反映区域植被的数量和密度，可利用该参数衡量地区的生态系统健康状态，因此 NPP 修正因子调节生态环境的公式如下。

$$N_{ij} = \frac{A_{ij}}{A_j}$$

式中：N_{ij} 表示地区第 j 年的 NPP 调节系数；A_{ij} 表示地区第 j 年的 NPP；A_j 表示第 j 年的全国 NPP 平均值。

年降水量作为重要指标，可以根据等降水量线，划分城市的干湿区域，分析出退耕还林对环境因子的影响，降水量调节因子的计算公式如下。

$$J_{ij} = \frac{Q_{ij}}{Q_j}$$

式中：J_{ij} 表示 i 地区第 j 年的降水量调节系数；Q_{ij} 表示 i 地区第 j 年的年降水量；Q_j 表示第 j 年的全国平均降水量。

土壤保持量，是指土壤潜在侵蚀量与实际土壤侵蚀量的差值，由于营养元素是由土壤保持量决定的，该值会影响农作物的生长，因此土壤保持量调节因子的计算公式如下。

$$T_{ij} = \frac{F_{ij}}{F_j}$$

式中：T_{ij} 表示 i 地区第 j 年的土壤保持量修正系数；F_{ij} 表示 i 地区第 j 年的土壤保持量；F_j 表示第 j 年的全国土壤保持量均值。通过计算生态补偿背景下的环境当量因子，分析退耕还林工程生态补偿对环境因子的影响。

（3）灰色关联度分析法评价环境因子。根据得到的环境各项当量因子，利用灰色关联度分析法评价环境因子，实现对环境因子的影响程度分析。灰色关联度法第一步需要确定参考序列和比较序列，假设参考序列为 $X_i = (x_{i1}, x_{i2}, \cdots, x_{in})$，无量纲化处理指标，消除指标间数量级别和量纲差异，对于正指标来说，越大越好，对于负指标来说，越小越好，该指标计算公式如下。

$$y_{ij} = \frac{\max x_j - x_{ij}}{\max x_j - \min x_j}$$

式中：y_{ij} 表示比较序列中的参数。无量纲化处理后的指标，其区间为 [0，1]，比较序列为 $y_0 = (1, 1, \cdots, 1)$。再求取绝对差序列以及两极最大差和最小差值。灰色关联法的计算结果用下列方程组表示。

$$\begin{cases} \Delta_{ij} = |y_{ij} - 1| \\ \Delta_{\max} = \max_i \max_i \Delta_{ij} \\ \Delta_{\min} = \min_i \min_i \Delta_{ij} \end{cases}$$

式中：Δ_{ij} 表示序列差值；$\Delta_{\max}$、$\Delta_{\min}$ 分别表示两极最大差和两极最小差。根据公式计算关联系数。

$$\sigma_{ij} = \frac{\Delta_{\min} + \lambda \Delta_{\max}}{\Delta_{ij} + \lambda \Delta_{\max}}$$

式中：λ 表示分辨系数，且 $0 \leq \lambda \leq 1$，该参数可以削弱两极最大差，提高关联系数的显著性。以此为基础，计算参考序列和比较序列的关联度，根据关联度实际值，对环境因子进行优劣排序。

$$f_i = \sum_{j=1}^{n} \sigma_{ij}$$

在灰色关联法下，关联度 f_i 反映环境因子与退耕还林之间的相关性，关联度越大说明第 i 类环境因子与退耕还林之间的影响程度越深。至此，完成退耕还林工程生态补偿对环境因子的影响分析。

调查与分析：为验证此次提出分析方法的可靠性，对退耕还林地区进行实地调查，分别利用此次提出的分析方法、文献提出的两种传统分析方法，分析退耕还林对环境因子的影响。为区分调查结果,将此次提出的方法作为试验组,将两种传统方法分别作为对照组一、对照组二。并通过不同年龄段、不同性别、不同学历的环境专家组,对分析结果进行评估。

8.4.2.2 退耕还林工程区概况

为了有针对性地开展研究工作,依据全国退耕还林工程区的布局,气候生态类型区的特征和工程建设区的典型代表性,选择了内蒙古典型的退耕还林工程区内(典型研究区域:呼和浩特市和林县、包头市达茂旗、呼伦贝尔市阿荣旗、兴安盟科右中旗、通辽市奈曼旗、赤峰市敖汉旗、乌兰察布市卓资县、锡林郭勒盟多伦县、巴彦淖尔市乌拉特前旗、鄂尔多斯市乌审旗、乌海市、阿拉善盟阿左旗)进行,本研究所有生态因子与监测数据均使用由各盟市所代表的样本县中所监测的数据。

(1)研究区域退耕还林工程概况。内蒙古自治区退耕还林工程根据适地适树、乡土树种为主的原则,种植优质高效生态树种和优质高效经济树种。表8-5是内蒙古自治区退耕还林工程区开展退耕还林工程前10年,还林面积统计结果。

表8-5 退耕还林面积统计结果　　　　　　　　　　　单位:hm²

年份	退耕还林面积	荒山造林面积	封山育林面积	累计
第1年	1.00	5.50	—	6.50
第2年	1.20	3.50	—	4.70
第3年	2.80	3.80	—	6.60
第4年	2.50	2.45	—	4.95
第5年	1.55	1.10	—	2.65
第6年	0.55	0.55	0.35	1.45
第7年	0.10	0.68	—	0.78
第8年	0.35	0.15	—	0.50
第9年	—	0.10	0.25	0.35
第10年	—	0.20	—	0.20
总计	10.05	18.03	0.60	28.68

三种分析方法根据实地调查结果和历年统计结果,对内蒙古自治区退耕还林工程生态补偿,对环境因子的影响程序进行分析,分析退耕还林对该区域内的泥沙含量、水体养分的影响。

(2)环境专家及评估步骤。设置专家评审组,根据评估指标的算术平均值,判断专家意见集中程度。假设 E_{ij} 表示专家 i 对 j 分析结果的评估值,共有 m 个专家,n 个环境因子分析结果,则评估指标的算术平均值计算公式如下。

$$M_j = \frac{1}{n}\sum_{i=1}^{n} E_{ij}$$

再计算每个评估指标的变异系数,分析专家意见的离散程度,通常情况下,当变异系数大于或等于 0.25 时,说明专家意见离散度较大,即对影响分析的评估结果存在多种意见。变异系数计算公式如下。

$$R_j = \frac{S_j}{M_j}$$

式中:S_j 表示第 j 个评估指标的标准差。专家对环境因子影响程度分析结果进行评估后,通过上述两组公式,确定专家评估结果的集中性和离散性,以此区分三种分析方法的分析效果。

8.4.2.3 退耕还林工程生态补偿对生态恢复的评估结果

(1) 河流泥沙含量分析结果评估。试验准备完毕后,分别利用三种分析方法,对退耕还林工程开展下,河流中泥沙含量环境因子的变化程度进行分析,表 8-6 是 5 组专家评审组对三种分析方法的评估结果。

表 8-6 河流泥沙含量分析方法专家评审组评估结果

专家组	试验组	对照组 1	对照组 2
专家组 1	4.95	4.00	2.50
专家组 2	4.90	3.50	2.50
专家组 3	4.95	3.50	2.00
专家组 4	4.95	3.50	2.00
专家组 5	4.90	3.50	2.00

表 8-6 中的评分为均值,利用算术平均值和变异系数计算公式,计算专家评估指标的集中程度和离散程度,结果见表 8-7。

表 8-7 河流泥沙含量分析方法评估结果分析

指标	试验组	对照组 1	对照组 2
集中程度	9.99	8.23	8.23
离散程度	0.03	0.26	0.26

根据表 8-7 可知,专家对试验组有更高的评价,对照组 1 的评价结果较低,对照组 2 的评价结果极低。

(2) 水体养分含量分析结果评估。分别利用三种分析方法,对退耕还林工程开展下,水体养分含量环境因子的变化程度进行分析,专家对分析方法的评估结果,如表 8-8 所示。同样计算专家评估指标的集中程度和离散程度,计算结果见表 8-9。

第8章 内蒙古自治区退耕还林工程生态补偿机制研究

表8-8 水体养分含量分析方法专家评审组评估结果

专家组	试验组	对照组1	对照组2
专家组1	4.95	3.00	1.50
专家组2	4.95	3.00	1.50
专家组3	5.00	3.50	2.00
专家组4	5.00	3.00	2.00
专家组5	4.95	3.50	1.50

表8-9 水体养分含量分析方法评估结果分析

专家组	试验组	对照组1	对照组2
集中程度	9.98	8.05	2.33
离散程度	0.01	0.30	0.65

根据表8-9可知，专家组对试验组保持了较高的评估，对两个对照组的评估，均有较高的离散度。

综合上述两组试验测试可知，专家评估试验组的集中度较高，可见其评分均在4.9~5.0区间内，而对照组的评估结果集中度较低，可见评估分数较为分散，专家评估意见存在较大差异，可见传统分析方法的结果不被大多数专家完全认同。

此次提出的影响分析方法，充分了解退耕还林对环境因子的影响，可以得到符合实际的分析结果，为生态环境的保护和发展，提供更精准的数据。但该方法的计算步骤相对较多，计算时需要主要数据的准确性。

8.5 内蒙古自治区退耕还林生态补偿对策

退耕还林（草）工程是生态保护的一项重要举措，该工程实施20多年后，已经对内蒙古自治区地区的生态、经济和社会产生了一定的积极影响，这与退耕还林工程的生态补偿工作良好运行有极大的关系。生态建设与生态补偿是一把双刃剑，退耕还林工程使生态环境得到了有效修复，但是生态补偿不到位还会出现退耕区返耕现象，因而，研究生态补偿一度成为研究热点，生态补偿机制的研究成为我们十分关注的问题。因而，建立和完善生态环境补偿机制的措施十分重要。

8.5.1 退耕还林工程生态补偿要突出工程建设目标

保证耕地建设和粮食产出。要想使退耕还林（草）项目收到成效，既要从根本上保证农民耕地的产量，又要巩固退耕还林成果，通过大力兴修基本农田，改善农耕地的生产条件，减少水土流失，采取科技措施和手段来保证基本耕地的产量，提高粮食生产的综合能力。

调整农村产业结构。退耕还林是通过农业内部资源的重新配置与有效利用，减少某些过剩农产品的生产，增加短缺农产品的生产，通过合理投资与经营，提高农村产业结构调整的效率。对于退耕还林（草）项目中涉及的退耕区，要对农户给予足够的、长期的、可持续的生态补偿政策，才能避免复耕的出现，退耕后政府指导农民按照市场需求调整粮食作物种植比例，逐步形成以"集约自给型农业、保护效益型林业、商品致富型牧业"为结构特征的生态型特色农业新格局。

适当建设畜牧产业。发展畜牧业是非常可行的办法，尤其是开展退耕还林以后的最初3年，封山禁牧促使牲畜的养殖成本上升，再加上饲养量的减少，牧业产值开始下降，针对退耕还林工程实施后出现的牧业生产问题，在退耕还林工程实行林草带状复合，提高了优质牧草的产量，为养畜业发展提供了保障。在养殖方式上由放养改为圈养，既减轻了对草地产生过度的负担，又合理地利用草地资源，在不破坏大自然的前提下，也提高了农户的收入水平，促进社会和经济发展。同时，从牲畜的品种和养殖技术等方面引导和支援农民，随退耕还林地牧草产量上升，畜牧业产值对农业总产值的贡献率呈平稳趋势。

因地制宜发展特色产业。实施退耕还林工程前，农民收入主要以种植业为主。退耕后，由于耕地大面积减少，种植业收入受到一定影响。根据市场需求，及时调整种植业比例，大力发展以种植土豆、油料作物、药材作物等为主的高效农业和以棚栽为主的设施农业，稳定了经济。实施退耕还林工程后，将特色产业最终转化为市场产品，提高农户收入，促进社会和经济的发展。

合理转移剩余劳动力。退耕后由于耕地大面积减少，大部分农民将从世代耕耘的土地中解放出来，一方面，劳动力的较少投入使农民有了更多的可支配时间，使他们的精神文化生活得以改善，提高了生活水平和生活质量；另一方面，为农民调整、改变自己的生产结构提供了必要的劳动力条件。由于在退耕还林工程政策的强劲外力推动下，第三产业的发展为农民提供了就业、经商的机会，所以退耕后农民将主要精力放在打工、经商和以羊为主的养畜业等行业。有效地调整了农村产业结构。国家和当地政府采取措施有效的引导农民学习农业新技术，或者其他科学文化知识，组织有意向的农民外出打工，并在政策和措施上为他们提供补助和便利，拓宽农民的收入途径，提高农户的收入水平。

8.5.2 退耕还林工程要将生态补偿落到实处

实施退耕还林生态补偿机制，要明确生态补偿主体、对象、标准与方式。一是确定补偿主体。退耕还林工程补偿主体对耕地生态环境造成影响的农户。二是明确补偿对象。补偿对象一方面要包括因实施保护政策而使自身利益受损的农户，另一方面也应包括放弃本地经济发展机遇直接参与到耕地保护中的外出务工农户。三是确定补偿标准。由于耕地存在明显的空间差异，耕地生态补偿要因地制宜，补偿标准为耕地保护主体因实施保护政策而损失的机会成本。四是确定补偿方式。在补偿方式上除实施直接的货币补偿、政策性补偿以外，还要充分考虑当地耕地生态环境并尊重农民的受偿意愿。

8.5.3 退耕还林工程建设要引入市场补偿机制

一是转变农业生产方式,将耕地生态补偿与有机农业发展有效结合。政府一方面给予退耕还林农户生态补偿和农产品补偿,另一方面,政府则要积极引导消费者进行绿色消费,做好绿色消费的宣传工作。同时,政府要加大有机农业生产中测土配方施肥、秸秆综合利用等项目补贴力度,推进普及清洁生产技术,不断改善中国的耕地生态环境。

二是建立征地生态补偿长效机制。征地生态补偿机制的建立合理地分配了生态利益,保障了在征地中农民的生态权。政府要协同好农户、征地开发者之间的利益关系,针对不同地段、不同质量耕地合理设置补偿标准,尽快完善生态补偿机制,以征地生态补偿带动提升人们的环境保护意识,实现土地资源的可持续发展。

三是完善生态补偿的法律法规体系,加强耕地生态补偿监管。耕地生态补偿的实施对中国的耕地生态环境改善起着重要的作用,政府要将耕地生态补偿主体、对象及标准等纳入法律法规体系,使耕地生态补偿能够有法可依。同时,对耕地质量检测、补偿申报、补偿资金使用与管理等严格监管,确保耕地生态补偿能顺利开展实施。

8.5.4 退耕还林工程要发挥生态补偿的长效机制

国内外生态补偿理论的研究和实践进展,在往后的生态补偿实践中,提出以下建议与对策作为参考。

一是发挥市场作用,注重政府市场并重。首先拓宽资金渠道上,应注重通过创新金融手段,实现资金来源的多元化。充分发挥金融信贷在生态补偿方面的融资功能,通过国家与各级财政生态专项补偿、建立生态补偿保证金制度、征收生态补偿费与生态补偿税、优惠信贷、资产证券化融资等途径拓宽生态补偿基金的渠道。同时,要建立完善的生态补偿法规政策体系,保证各方的权责明确,保障生态补偿市场化运作的风险对应,平衡生态补偿的公益性与社会资本的逐利性,保障补偿机制的可持续性。

二是引导农户参与生态补偿模式的构建。农户是生态补偿中最大的利益相关者,有权利和义务参与到生态补偿及生态资源利用维护等事项的决策中,在构建生态补偿模式、制定相关政策时,应积极宣传相关政策,在使农户对政策内容、政策实施的影响等方面了解的基础上广泛征询其意见,倾听村民对生态补偿、资源利用与保护的一些看法和要求,并据此调整具体的措施或方法。同时,可考虑采用农户参与生态资源管护工作的方法,为当地创造出生态保护工作岗位,帮助村民实现从资源开发者向生态保护者转型。此外,作为补偿客体,村民有对生态补偿工作实施的监督权,建议打通生态补偿资金使用监督渠道,按时公示生态补偿资金的拨付使用情况,提高村民对于生态补偿工作的理解,提高政策满意度。

三是开展生态补偿考核与绩效评估。绩效评估是一种发现问题的监督和反馈机制,对补偿政策进行评估不仅可以厘清补偿工作的执行效果,还可以反映政策的执行对社会、经济、生态等方面产生的影响及变化趋势,为政策的优化与调整提供参考,提高生态补偿资金使用的效率,是政策完善的重要保障。通过建立和实施科学的生态补偿考核与绩效评估,对村民等生态补偿利益相关者也可以起到一定的引导作用,促使其行为向有效地促进生态保护区生态、经济和社会协调与可持续的方向发展。

四是综合运用法律、行政、经济、社会、生态等手段。综合生态系统是一种全新的生态系统管理理念、管理策略、管理方式和方法，即综合运用法律、行政、经济、社会、生态等手段，建立区域广泛合作和参与的管理机制，制定长期和科学的管理规划，以保护自然资源和生态环境，实现控制生态系统功能退化、减少人类活动对生态系统造成的威胁、提高生态系统生产力，促进社会经济的发展。退耕还林工程的建设，到目前为止还没有形成一套集自然-社会-经济为一体的复合生态系统管理体系，将以生态定位站为单元的退耕还林工程的基础数据和实时动态的生态监测数据纳入管理系统，达到有效地对退耕还林工程进行有效的监测和管理，为国家有关部门的决策及其环保、国土、水利、科研院所等部门提供信息服务。

五是生态补偿要以农户为本。坚持以人为本，调整退耕还林工程规划，走全面协调可持续发展的路子。广大群众是生态建设的主体，他们满意不满意、答应不答应、高兴不高兴，是搞好退耕还林工程建设、巩固退耕还林工程成果的基础。抓好后续产业的发展，解决好干部群众的长远生计问题是关键。要进一步摸清情况，实事求是地制定退耕还林工程建设规划。随着工程区植被的迅速恢复，退耕还林工程成果绝大多数还处于幼林和未成林阶段，病、虫、鼠、兔害问题随之加剧，森林防火任务也加重，抚育管护工作更加重要，应在实行分类经营的基础上，把生态公益林纳入森林生态效益补偿范围内，以此强化公共财政对退耕还林工程后期管护保障，资金来源与生态公益林事权相一致。工程建设成效的好坏直接关系到构建和谐社会大局，关系到全面实现小康社会宏伟目标的进程，不容许有丝毫大意。特别是在后续政策和管理上，一定要措施得当，才能消除隐患，不导致反弹和新的毁林开垦，退耕还林工程后续发展之路将越走越宽。

第9章 实证分析——卓资县退耕还林工程生态效益评估

内蒙古自治区退耕还林工程生态保护评估与生态补偿机制研究（项目编号：19XJA790001）该课题的研究，主要针对内蒙古自治区已实施退耕还林工程的各个旗县，开展退耕还林工程的生态保护评估与生态补偿机制研究。为了有针对性地开展研究工作，依据全国退耕还林工程区的布局，气候生态类型区的特征和工程建设区的典型代表性，选择了内蒙古自治区的卓资县，本研究所有生态因子与监测数据均使用由内蒙古自治区所代表的样本县中所监测的数据（第5章）。

9.1 卓资县基本概况

9.1.1 自然概况

（1）地理位置。卓资县位于内蒙古自治区乌兰察布市西部，东与察右前旗、丰镇市毗邻，西与呼和浩特市赛罕区、武川县接壤，北与察右后旗，察右中旗和四子王旗相连，南与凉城县相邻，总土地面积312 000 hm²。地理位置为40°38′~41°16′ N，111°51′~112°56′ E。全县属于阴山山脉南部地区，县城卓资山西距内蒙古自治区首府呼和浩特市76 km，东离乌兰察布市集宁区51 km。

（2）地质地貌。卓资县位于黄土高原北部，大青山南坡，海拔高1 400~2 206 m，属阴山低山丘陵区以及剥蚀堆积山涧沟谷及洼地地形等。地貌以黄土丘陵为主，其中，山地109 000 hm²，占总土地面积的34.9%；耕地54 620 hm²，占总土地面积的17.5%；滩川地5 907.67 hm²，占总土地面积的1.89%；丘陵低缓，丘间地平宽。

（3）气候。卓资县地处北温带，属典型的干旱半干旱大陆性季风气候，年均气温2.5℃，1月平均气温-16℃，极端最低气温-38.2℃，极端最高气温35.2℃。≥0℃积温为2 000~2 700℃，≥5℃积温平均为2 389℃，持续170 d，≥10℃积温平均为1 800℃，无霜期90~110 d；平均降水量为350 mm，年蒸发量1 876.9 mm，年均湿度为45%，年均风速为2.8 m/s，春季大风常形成沙尘暴天气。

（4）水文。卓资县境内的大黑河是黄河28条一级支流之一，发源于该县十八台镇，在卓资县境内长87 km，流域面积253 200 hm²，占全县总土地面积的81.2%。该流域内有较大二级支流11条，百米以上支毛沟千条左右。由于自然和人为因素的影响，生态环境日趋恶化，被国家列为黄河上中游42个水土流失重点县之一，也是内蒙古6个水土流失重点县之一。地下水资源较丰富，属高水区，一般埋深30~90cm，据境内几眼机井运作状况分析，单井涌水量一般为30~50 t/h，并且补充迅速，水质较好，一般为钙、镁类水，矿化质小于1 g/L。

（5）土壤。全县土壤主要有灰褐土、栗钙土和草甸土三大类，以灰褐土和栗钙土为主，土层厚度为10~60m。土壤沙性大，水蚀和风蚀都很严重。主要分布在大黑河两岸的干、支沟地区。由于土壤贫瘠，过度放牧和耕作措施粗放，生态环境日趋恶化，大多数山区岩石裸露，坡耕地出现风蚀、沙化，造成严重的水土流失，沟壑切割极为明显。本地区影响造林成活和林木生长的主导因素，是土壤水分和土壤肥力。一般沟底、川滩地含水量多，阳坡土壤含水量少于阴坡。小地貌、低下部位和坡向对立地质量影响较大。

（6）植被。卓资县天然植被主要以半荒漠、荒原植被为主。其种类主要有毛莲蒿、冷蒿和柠条、虎榛子、胡枝子、沙棘等灌木，乔木有山杨、白桦等；天然草原主要草种有克氏针茅、百里香等植物，主要分布在大黑河流域的中西部地区。人工植被主要有油松、华北落叶松、樟子松、杨树、山杏、柠条、沙棘、草木樨等。

9.1.2 社会经济状况

卓资县在历史上属塞外牧区，经过长期的演变，由游牧区逐步过渡为现在的旱作农业区，主要有蒙、汉两个民族。该县原有20个乡镇，2001年全县进行撤乡并镇后，整合为9个乡，5个镇，111个行政村。总人口22.7万人，其中，农业人口12.1万人。严重的水土流失导致农牧业基础脆弱，抵御自然灾害能力差，不仅严重制约着本地区经济发展和人民生活水平的提高，而且直接威胁着呼和浩特市周边以及万家寨水库的生态安全。卓资县属于国家级贫困县，有贫困村98个，贫困人口达2.94万人，贫困地区人均年收入703元。根据2004年统计资料，全县工农业总产值48 736.1万元，人均年收入为1 416元。

卓资县境内交通便利，京包铁路横贯全县，110国道与之并行，为该县主要交通干线，另有旗、县级公路多条，已实现村村通公路，通电。而且电力、通信设施较为完善，有利于城乡物质文化的交流，促进农、林、牧、商各业的发展。

9.1.3 退耕还林建设情况

9.1.3.1 退耕还林工程规模及造林模式

2000年，卓资县被列为国家"长江上游、黄河上中游退耕还林工程"试点示范县。按照退耕还林（草）示范工程总体规划，以"一线两点"为重点，即以110国道沿线10个乡镇为一线，以马盖图乡，印堂子乡为两点开展工程建设，涉及退耕农户5 200家，人数18 152人，截至第一次退耕还林工程结束，全县共完成造林种草总面积23 800 hm²，其中，退耕7 333.33 hm²，宜林荒山荒还林草16 466.67 hm²，工程全部通过上级业务部门的验收，全部为合格工程。

卓资县京津风沙源治理工程于2003年开始实施。到2005年上级共下达卓资县退耕还林工程总任务为23 933.34 hm²，其中，退耕还林11 966.67 hm²，宜林荒山造林9 300 hm²，封山育林2 666.67 hm²实际完成退耕还林工程总任务24 000 hm²，占工程任务的100%。其中，退耕造林完成11 966.67 hm²，占任务的100%，宜林荒山造林完成9 366.67 hm²，占任务的101%。封山育林完成2 667 hm²，占工程任务的100%。林种全部为生态林。该工程涉及14个乡镇，107个村委会，750个村民小组，累计涉及农户35 000户，共有作业小班6 847个。工程完成后，经内蒙古自治区原林业厅六次核查，工程全部为合格工程。

卓资县退耕还林工程，京津风沙源治理工程实施三年来，新增林业用地19 300 hm²；新增灌木林地20 000 hm² 新增未成林造林地27 733.33 hm²，林草覆盖度有所提高。

卓资县是"长江上游、黄河上中游地区天然林资源保护工程"的实施县。按照内蒙古自治区的退耕还林工程实施方案，共规划管理森林面积46 200 hm²，封山育林3 500 hm²，飞播造林36 700 hm²。2000年已开始启动退耕还林工程，全面停止了天然林采伐，完成工程投资180万元，其中管护森林面积36 400 hm²，安排护林员121人，安排管理人员和公安人员38人，林场354名职工全部纳入社会统筹。

为满足退耕还林工程的种苗需求，主管部门创造条件，积极鼓励集体、个体办苗圃。到目前为止，个人已建上百亩的苗圃3个，全县育苗面积达666.67 hm²，建设柠条采种基地333.33 hm²。

9.1.3.2 退耕还林工程管理体系

为保证工程质量，卓资县政府制定了《卓资县退耕还林试点示范工程管理办法》等规定技术人员实行跟踪验收，凡整地不合格的一律重新返工，待合格后再进行造林。

对采种基地、管护难度大的地方加设网围栏，项目区的乡镇严禁散放牲畜，全部实行组群放牧或舍饲圈养。

同时，与退耕农民以契约方式确定承包关系；在对退耕户建档立卡的基础上，坚持"谁种树，谁管护，谁受益"的原则，由县政府统一退耕户换发林权证，"到乡，到村，到户，到地块"。

9.2 卓资县退耕还林工程生态效益评价

9.2.1 退耕还林建设面积

2000年开始，卓资县以治理水土流失、改善生态环境为目标，实施了退耕还林工程。退耕地营造的经济林主要树种为果树，兼用林主要为林草混交，山桃、山杏混交林或纯林。生态林树种主要为刺槐、油松、侧柏、柠条等，其中刺槐、柠条生长较好。

2007年末经国家确认实有封山育林面积3 199 hm²，人工造林面积23 404.81 hm² 退耕还林面积19 426.81 hm²。截至2018年，实有封山育林面积39 199 hm²，人工造林面积65 541.81 hm² 退耕还林面积22 092.81 hm²。本研究把国家每年确认合格的林地作为卓资县退耕还林工程每年新增林地面积（表9-1）。

表 9-1 内蒙古卓资县 1999—2018 年退耕还林工程面积　　　　单位：hm²

年度	年末实有封山造林面积	造林面积	退耕地造林面积
1999 年			
2000 年		2 793.47	2 793.47
2001 年		2 666.67	2 666.67
2002 年		2 000	2 000
2003 年		4 666.67	4 666.67
2004 年		3 300	3 300
2005 年		4 000	4 000
2006 年	666		
2007 年	2 533	3 978	
2008 年	1 333	4 967	
2009 年	6 000	3 037	
2010 年	6 667	2 630	
2011 年	4 667	4 200	
2012 年	5 667	5 100	
2013 年	5 333	4 976	
2014 年	2 000	2 912	
2015 年	1 667	3 681	
2016 年	1 000	2 840	1 333
2017 年	1 333	3 606	1 333
2018 年	333	4 188	
合计	39 199	65 541.81	22 092.81

9.2.2　退耕还林工程发挥的生态效益

卓资县退耕还林工程造林树种主要以沙棘、柠条、刺槐、山杏等灌乔木树种为主，灌木树种造林三年后已基本郁闭成林，可发挥水土保持等生态效益。通过调查退耕还林工程区所造林树种基本郁闭，可发挥各种生态效益。

因此，卓资县退耕还林工程实施以来，2007 年退耕还林面积有 19 426.81 hm²。2018 年退耕还林面积有 22 092.81 hm²。林地发挥水土保持等生态效益的价值核算见表 9-2。

表 9-2 2007 年和 2018 年卓资县退耕还林工程生态效益物质量和价值量

功能类别	指标层	物质量		价值量	
		2007 年	2018 年	2007 年	2018 年
保育土壤效益（C1）/（t/年）	保土（D1）	57 581 064.84	58 435 482.45	25 704.55	28 296.64
	固肥（D2）	1 880 021.767	1 910 840.276	40 333 278.74	40 931 951.78
林木养分固持（C2）/（t/年）	氮固持（D3）	316.807 755	847.402 866 8	76.03	203.38
	磷固持（D4）	20.366 212 82	54.475 898 58	4.89	13.07
	钾固持（D5）	181.033 002 9	484.230 209 6	39.83	106.53
涵养水源功能（C3）/（m³/年）	调节水量（D6）	3 535 510.718	3 351 141.588	2 121.91	4 692.44
	净化水质（D7）	3 535 510.718	3 351 141.588	738.92	2 446.33
固碳释氧效益（C4）/（t/年）	固碳（D8）	86 039.132 13	92 922.536 54	10 324.70	11 150.70
	释氧（D9）	13 464.329 59	36 014.621 84	1 346.43	3 601.46
净化大气环境（C5）	提供负离子（D10）/（10^{25} 个/年）	0.21	0.20	1.23×10^{21}	1.17×10^{21}
	吸收气体污染物（D11）/（kg/年）	0.041 961 91	0.079 534 116	0.02	0.04
	滞尘（D12）/（kg/年）	11.073 281 7	20.988 169 5	1 746 664.24	1 986 364.26
森林防护指标（C6）	防风固沙（D13）/hm²	57 581 064.84	58 435 482.45	5.89	5.69
生物多样性指标（C7）	物种资源保育（D14）/hm²	64 497 009	73 348 129	6 449.70	7 334.81
森林生态系统服务修正系数（C8）	森林生态系统服务修正系数（D15）	0.3	0.25	0.3	0.25

注：功能类别和指标层标注单位为各指标物质量单位；除森林生态系统服务修正系数（D15）外，各指标价值量单位为万元。

经研究，按照各项生态功能来看，卓资县退耕还林工程生态效益物质量评估结果见表 9-2。

2007 年卓资县退耕还林工程森林生态系统服务功能物质量：保土 57 581 064.84 t/年、固肥 1 880 021.767 t/年、氮固持 316.807 755 t/年、磷固持 20.366 212 82 t/年、钾固持 181.033 002 9 t/年、调节水量 3 535 510.718 m³/年、净化水质 3 535 510.718 m³/年、固碳 86 039.132 13 t/年、释氧 13 464.329 59 t/年、提供负离子 0.21×10²⁵ 个/年、吸收气体污染物 0.041 961 9 kg/年、滞尘 11.073 281 7 kg/年、防风固沙 57 581 064.84 hm²、物种资源保育 64 497 009 hm²、森林生态系统服务修正系数为 0.3。

2018 年，卓资县退耕还林工程森林生态系统服务功能物质量：保土 58 435 482.45 t/

年、固肥 1 910 840.276 t/年、氮固持 847.402 866 8 t/年、磷固持 54.475 898 58 t/年、钾固持 484.230 209 6 t/年、调节水量 3 351 141.588 m³/年、净化水质 3 351 141.588 m³/年、固碳 92 922.536 54 t/年、释氧 36 014.621 84 t/年、提供负离子 0.20×10²⁵个/年、吸收气体污染物 0.079 534 116 kg/年、滞尘 20.988 169 5 kg/年、防风固沙 58 435 482.45 hm²、物种资源保育 73 348 129 hm²、森林生态系统服务修正系数为 0.25。

卓资县退耕还林工程生态效益价值量评估结果见表 9-2。

2007 年卓资退耕还林工程生态效益价值量：保土 25 704.55 万元、固肥 40 333 278.74 万元、氮固持 76.03 万元、磷固持 4.89 万元、钾固持 39.83 万元、调节水量 2 121.91 万元、净化水质 738.92 万元、固碳 10 324.70 万元、释氧 1 346.43 万元、提供负离子 1.23×10²¹万元、吸收气体污染物 0.02 万元、滞尘 1 746 664.24 万元、防风固沙 5.89 万元、物种资源保育 6 449.70 万元、森林生态系统服务修正系数为 0.3。

2018 年卓资县退耕还林工程生态效益价值量：保土 28 296.64 万元、固肥 40 931 951.78 万元、氮固持 203.38 万元、磷固持 13.07 万元、钾固持 106.53 万元、调节水量 4 692.44 万元、净化水质 2 446.33 万元、固碳 11 150.70 万元、释氧 3 601.46 万元、提供负离子 1.17×10²¹万元、吸收气体污染物 0.04 万元、滞尘 1 986 364.26 万元、防风固沙 5.69 万元、物种资源保育 7 334.81 万元、森林生态系统服务修正系数为 0.25。

9.3 卓资县退耕还林工程基本经验和做法

9.3.1 工程实施的办法、对策措施

卓资县退耕还林工程实施严格按照国家、自治区退耕还林工程管理办法执行，本着"突出重点，先易后难，稳步推进"的原则，首先沿"一河两线"地区乡镇开展实施工程，然后逐年推进延伸，全县所有乡镇、自然村都实施了退耕还林工程，涉及 3.5 万家农户，14.2 万名农民，在工程实施中主要措施如下。

（1）建立健全组织领导管理体系和技术保障体系。县、乡都成立了退耕还林工程领导小组，设专人负责，并层层签订行政、技术责任状，明确责任、目标和奖罚办法，同时制定相关的管理制度和规划设计、技术指导、检查验收、政策兑现等办法。

（2）退耕还林工程涉及面广，政策性强，群众参与度高，卓资县在工程实施之初，为了让农民充分了解退耕还林工程政策。政府出台了致农民群众一封信。通过宣传提高了各级干部和群众的认识，广泛动员全社会的力量共同参与，使农民群众主动积极投身到工程建设当中，通过培训，提高各级管理人员的技术水平，提高农民群众在施工作业过程的操作水平和能力，从而使工程顺利实施。

（3）做好试点示范工作，起到典型带动作用。退耕还林工程实施后，卓资县就重点选定 3 个乡镇进行试点示范，通过试点，全县确定了五个造林模式，选定了 6 个主栽树种；并引进推广了多项实用技术，从而提高了造林质量，保证了建设成果。

9.3.2 成果巩固的主要做法

（1）为了确保工程建设有序进行，提高工程建设标准和质量，巩固建设成果，结合

卓资县实际，制定了切实可行的检查验收办法，每年分春季、秋季进行两次自查验收，在自查验收的基础再进行抽查，下一年度进行复查，通过检查验收，发现问题，及时整改解决，从而保证了工程的进度和质量，也为政策兑现提供了可靠的直接依据。对不合格的建设工程，通过兑现补助资金，进行督促补植和管护，从而保证了工程的质量。

（2）为了工程顺利实施，确保退耕还林粮食、现金补助及时，准确兑现到农户，防止冒领，杜绝贪污等现象的发生，全县建立了退耕还林举报制度，对每年退耕的面积、任务、涉及的农户等都要张榜公布，进行公示，主动接受群众监督，对违法违纪现象一经核实，由审计、监察、纪检部门按照有关规定对责任人做出处罚，通过监督检查，有效地制止了垒大户和冒领多领现象的发生。

（3）为保护建设成果，快速恢复植被，卓资县先后出台了《卓资县林木管护办法》和《卓资县禁牧舍饲实施办法》，在项目区实行严格的禁牧制度，大力推行舍饲圈养，设置专门管护人员，建立了县、乡、村、户四级管护网络，对偷牧和毁坏林木的案件，一经查实严厉打击，这样从根本上解决了林木管护问题，植被得到恢复，巩固了建设成果。

通过发放林权证，稳定林权给广大退耕农户吃上了"定心丸"进一步巩固了工程建设成果。

9.3.3 工程建设的主要成效

退耕还林工程自实施以来，已经取得了明显成效，一是全县生态环境得以改善，退耕还林工程建设累计新增林草面积 50 676.67 hm^2，近 20 000 hm^2 坡耕地和沙化耕地退耕造林种草，水土流失得到有效治理，土地沙化的状况得到缓解和控制，生态植被得到恢复，森林资源稳定增长。二是农民脱贫步伐加快，工程范围涉及全县所有乡镇农户，全县 14.2 万名农民从政策兑现中受益，人均享受退耕还林补贴 326 元，一些农民从繁重的农业生产中解脱出来，从事多种经营和副业生产增加收入。特别是近几年严重干旱，退耕还林很好地解决了受灾农民的吃饭问题，促进了农村的社会稳定。三是促进了农村产业结构的调整，退耕还林工程的实施，有利于改变长期以来广种薄收的传统耕种习惯，有利于调整不合理的土地利用结构。各乡镇加快建设基本农田的步伐，发展舍饲圈养，开发绿色食品，开展森林旅游，培育绿色产业，发展区域特色经济。四是促进了广大农民群众和社会力量参与生态环境建设的积极性，加快生态环境保护和建设进程。

9.4 小结

卓资县随着退耕还林林木的生长，林分结构由简单到复杂，林地土壤得到改善，各项功能逐渐增大并持续相当长一段时间，其生态效益评价指标的参数将趋于向生态效益最优化转变，到 2018 年，卓资县 20 年来退耕还林地修正后的生态价值分别为保土 28 296.64 万元、固肥 40 931 951.78 万元、氮固持 203.38 万元、磷固持 13.07 万元、钾固持 106.53 万元、调节水量 4 692.44 万元、净化水质 2 446.33 万元、固碳 11 150.70 万元、释氧 3 601.46 万元、提供负离子 1.17×10^{21} 元、吸收气体污染物 0.04 万元、滞尘 1 986 364.26 万元、防风固沙 5.69 万元、物种资源保育 7 334.81 万元、森林生态系统服务修正系数为 0.25。

第10章 研究评述与展望

10.1 研究结论

退耕还林工程是我国到目前为止规模最大,涉及面最广的一项生态建设工程,也是一项复杂的经济活动,经实践证明:退耕还林工程建设符合科学发展观的理念。本项研究以林学、生态学、环境经济学以及公共经济学为理论基础,选取内蒙古自治区退耕还林工程区为研究地点,并选取五个县作为实证案例进行分析,通过野外调查、实地观测、室内分析测定和遥感影像等手段,对当地的不同林种退耕还林工程的生物多样性、群落生产力、土壤理化性状、土壤水文效应等进行了较为系统的研究,揭示退耕还林工程实施后,其生境的演变过程及特征;并且采取宏观分析、理论分析、问卷调查、定量分析与定性分析等相结合的方法,对退耕还林工程的生态、经济和社会综合效益进行了较为全面、系统的分析与评价。通过本研究工作,得到以下几个方面的认识与结果。

(1) 开展退耕还林工程生态效益评价研究意义重大。退耕还林工程实施前,内蒙古自治区的生态环境资源长期遭受严重的破坏,生态环境十分脆弱并且继续恶化,对内蒙古自治区地区的可持续发展构成巨大威胁。退耕还林工程实施后,生态恶化的趋势得到有效遏制,森林覆盖率增加,森林资源整体质量开始好转,反映森林结构的各项指标朝着合理化方向转变,说明退耕还林工程建设已初见成效。

截至2018年,内蒙古自治区累计完成封山育林面积1 723 564 hm^2,完成人工造林面积2 844 171 hm^2,完成退耕还林面积1 014 548 hm^2。

(2) 通过以上研究,得出如下结论。退耕还林工程的实施,取得了巨大的生态效益。内蒙古自治区退耕还林一期工程、二期工程均取得了巨大的生态效益。

经研究内蒙古自治区退耕还林工程生态效益评估物质量如下。

2007 年:保土264 092 400 t/年、固肥8 622 616.86 t/年、氮固持14 530.214 16 t/年、磷固持934.085 196 t/年、钾固持8 302.979 52 t/年、调节水量162 154 262.6 m^3/年、净化水质162 154 262.6 m^3/年、固碳3 946 137.669 t/年、释氧617 534.101 8 t/年、提供负离子 0.96×10^{25} 个/年、吸收气体污染物1.924 56 kg/年、滞尘507.87 kg/年、防风固沙2 640 924 000 hm^2、物种资源保育2 958 120 000 hm^2、森林生态系统服务修正系数为0.3。

2018 年:保土5 040 174 460 t/年、固肥164 813 704.8 t/年、氮固持73 090.151 86 t/年、磷固持4 698.652 62 t/年、钾固持41 765.801 06 t/年、调节水量289 042 505.3 m^3/年、净化水质289 042 505.3 m^3/年、固碳8 014 750.213 t/年、释氧3 106 331.454 t/年、

提供负离子 $1.7×10^{25}$ 个/年、吸收气体污染物 6.859 972 8 kg/年、滞尘 1 810.270 6 kg/年)、防风固沙 5 040 174 460 hm²、物种资源保育 6 326 419 360 hm²、森林生态系统服务修正系数为 0.25。

经研究内蒙古自治区退耕还林工程生态效益价值量如下。

2007 年：保土 1 178 924.98 万元、固肥 184 986 373.78 万元、氮固持 3 487.25 万元、磷固持 224.18 万元、钾固持 1 826.66 万元、调节水量 97 320.12 万元、净化水质 33 890.24 万元、固碳 473 536.52 万元、释氧 61 753.41 万元、提供负离子 $57.60×10^{21}$ 万元、吸收气体污染物 0.76 万元、滞尘 80 109 798.42 万元、防风固沙 270.04 万元、物种资源保育 295 812.00 万元、森林生态系统服务修正系数为 0.3。

2018 年：保土 2 440 640.41 万元、固肥 3 530 460 762.95 万元、氮固持 17 541.64 万元、磷固持 1 127.68 万元、钾固持 9 188.48 万元、调节水量 404 731.77 万元、净化水质 211 001.03 万元、固碳 961 770.03 万元、释氧 310 633.15 万元、提供负离子 $100.86×10^{21}$ 万元、吸收气体污染物 3.25 万元、滞尘 171 327 795.91 万元、防风固沙 490.70 万元、物种资源保育 632 641.94 万元、森林生态系统服务修正系数为 0.25。

（3）通过研究分析实施退耕还林工程后经济效益和社会效益，研究结果表明退耕还林工程的实施有效地促进了当地社会经济的发展。

内蒙古自治区退耕还林（草）计划的实施，对区域土地利用格局、生态系统和农村产业结构产生了巨大影响。可量化的社会效益（适龄儿童入学率、低保医保覆盖率）、潜在的社会效益（提高农民环保意识、合理转移农村劳动力、农村产业结构变化和加快新农村建设），这些社会效益指标运行良好，表明退耕还林工程取得了良好建设成效。

（4）本研究采用专家打分法和运用层次分析法（AHP）构建了内蒙古自治区退耕还林工程综合效益评价指标体系，由三个层次 29 个指标组成，总目标层为内蒙古自治区退耕还林工程综合效益，准则层为经济效益、社会效益、生态效益，指标层由 29 项指标组成。

本研究通过对退耕还林工程综合效益评价指标体系进行了层次分析法研究，得出了退耕还林工程综合效益中各项评价指标的权重，进行了一致性检验，并做出了综合效益指数计算，其评价结果为退耕还林工程综合效益指数为 83.08，生态效益指数为 56.75，经济效益指数为 19.05，社会效益指数为 7.28。

内蒙古自治区退耕还林工程的实施，为改善生态环境、维护国土生态安全发挥了重要保障作用，为经济社会可持续发展奠定了基础，为建设我国生态屏障作出了重要贡献。但是，由于受到收集数据资料的限制，在运用层次分析法确定权重时受到主观因素的影响，在一定程度上会影响评价指标体系的科学性。因此对我国实施退耕还林工程以来，产生的综合效益进行全面的、科学的评价，还有待于进一步研究。

由此可见，内蒙古自治区退耕还林工程实施以来，为改善生态环境、维护我国西北地区国土生态安全发挥了重要保障作用，为经济社会可持续发展作出了重要贡献。林业既是经济、社会发展中不可缺少的基础产业，也是全民族共有公益事业。林地、林木、湿地、野生动植物资源，不仅可以为国家建设和人民生活提供木材及其他多种多样的非木质林产品，同时也是重要的碳贮库、蓄水库、基因库和能源库，在涵养水源、固碳释氧、保持水土、净化水质、防风固沙、调节气候、净化空气、维持生物多样性等方面，发挥着不可替代的作用。另外，还可以为人们提供旅游休闲的场所；发展林业，还可以为社会创造大量的就业机会，为农民提供脱贫致富的途径，为区域经济发展注入强大的活力。

10.2 研究特色与创新成果

10.2.1 研究特色

本文在研究内蒙古自治区退耕还林工程综合效益评价中，和以往研究相比，做了一些如下原创性工作。

一是本研究针对内蒙古自治区退耕还林工程建立了一套退耕还林工程综合效益的评价指标体系，在指标的选择上，特别是经济效益指标和社会效益指标，突出了退耕还林工程涉林产业的特点，针对性强。

二是本研究对内蒙古自治区退耕还林工程的综合效益尝试性的进行价值计量。为了更加科学、准确地评价退耕还林工程实施二十年来的建设成效，本研究在采用价值计量的方法进行了综合效益评价的同时，又用了层次分析法对其进行层次分析研究，改进了单一的评价体系。

10.2.2 创新成果

（1）在原有的生态因子监测方法和生态服务功能评估规范的基础上，针对内蒙古自治区退耕还林工程区的实际，改进了退耕还林工程区生态因子观测方法和生态服务功能评估因子，因而在生态因子监测和评估过程中更有针对性。

（2）在对内蒙古自治区退耕还林工程经济效益评估中，采用了涉林产业第一产值、涉林产业第二产值和涉林产业第三产值，及其相对应的指标，大部分数据来源于中国林业统计年鉴，这样更全面地反映了退耕还林工程对经济发展的影响，因而更具有科学性。

（3）在对内蒙古自治区退耕还林工程社会效益评估中，本研究围绕新农村建设，对研究区及研究指标，进行全方位全面的社会调查，其研究结果更具有真实性。

（4）构建的内蒙古自治区退耕还林工程建设效益评价指标体系，在生态效益、经济效益和社会效益的指标方面，更能够体现并反映出工程建设的实际情况。

10.3 研究的不足

退耕还林工程是一项复杂的工作，退耕还林工程区社会、经济和生态环境的变化是多因素作用的结果，本研究没有考虑到其他因素的影响，建议在今后的相关工作中进一步在排除其他因素对退耕还林工程区社会、经济和生态影响的基础上进行深入研究。虽然本研究要求的是法定统计数据，但不能排除个别数据存在差错性，特别是生态效益评价中使用经验数据、估测数据等。今后的相关评价在数据来源上需要进一步的科学化，以便得出更加可靠的结论及退耕还林工程的负面影响评价。经济效益评价只考虑了退耕还林工程带来的直接和间接影响,没有将与退耕还林工程相配套的措施所带来的间接影响考虑在内。今后在进行相关评价时,望能考虑以上因素的影响,进一步的加以完善。退耕还林工程对当地社会、经济和生态的影响是一个长期过程,特别是对生态影响的评价,在退耕还林工程后短期内的变化都不会太明显,今后如在有条件的情况下,要充分发挥生态定位监测研究站的作用,以便得到在时间尺度上具有连续性的科学数据,对退耕还林工程的综合效益进行适时评价,并在大的区域尺度上建立更为详尽的评价指标体系。主要存在以下不足。

由于著者相关理论与知识储备十分有限,对我国退耕还林工程综合效益评价研究得不够深入,而且对退耕还林工程整体实施情况以及存在的问题认识还不深刻,在评价方法上把握得也不太准确,因而,这些都会对内蒙古自治区退耕还林工程建设效益的评价产生影响。其中,在评价指标的选择上,特别是生态效益指标的选择,尽管广泛征询了专家、教授的意见,而且也根据我们实地调研的情况,经过了初选再选,最后确定生态效益指标主要采用中国森林生态系统服务功能评估规范中的指标,但是总认为突出内蒙古自治区地区的特点不够,针对性还是不强。在样本选择上,本研究采用了课题组进行课题研究选取的县作为样点,从实际情况来看,总体上基本一致,但也存在这样或那样的差异,这些差异就会不可避免地影响到内蒙古自治区退耕还林工程综合效益评价的准确性和科学性。在调研的对象上,本研究只是选择了林业厅、林业科学研究院、林场、森工企业、退耕还林农户和选取样点的科研技术人员等与林业有关的局内人士,而与林业无关的局外人没有进行调研。调查对象的片面性,必然会产生调研结果的偏差。

10.4 研究展望

本课题尽管对内蒙古自治区退耕还林工程生态保护评估与生态补偿机制研究做了探讨,但未来研究需要关注以下四个方面。

一是内蒙古自治区退耕还林工程建设效益与全国退耕还林工程建设效益进行对比研究。

二是完善退耕还林工程政策研究。切实解决好退耕还林工程规划和巩固退耕还林工程成果的政策措施问题,建立起生态受保护,农民得实惠的长效机制,保障退耕还林工程建设成效。

三是探索政府引导与市场机制的结合。我国退耕还林工程及林权改制作为一种制度创新,到底应采用何种模式、何种比例来使政府与市场有效结合以达到生态与社会经济的优化发展需进一步研究。

四是做实生态因子的监测工作。分析生态因子对植被恢复的贡献,建立"生态因子"对植被恢复的对应组合配置模型,在大的区域尺度上为生态环境建设提供科学依据。

主要参考文献

戴其文, 2010. 生态补偿区域的空间选择研究[D]. 兰州: 西北师范大学.
戴微著, 谭淑豪, 2018. 草原生态奖补政策效果评价——基于内蒙古典型牧区的制度分析[J]. 生态经济, 34 (3): 199-201.
冯宗炜, 王效科, 欧阳志云, 1999. 海南省桉树林分布及浆纸林生态区划[J]. 土壤与环境, 8 (3): 168-173.
郭慧, 王兵, 牛香, 2014. 中国退耕还林生态效益监测网络构建方法[J]. 水土保持学报 (6): 131-139.
国家林业局, 2015. 2014退耕还林工程生态效益监测国家报告[M]. 北京: 中国林业出版社: 5-18.
国政, 2017. 中国天然林保护工程建设效益评价研究[M]. 北京: 中国农业科学技术出版社.
韩雅洁, 2017. 三江源区移民生态补偿问题研究[J]. 全国经济流通 (6): 66-67.
侯元兆, 1995. 中国森林资源核算研究[J]. 世界林业研究 (3): 51-56.
黄锡生, 何江, 2017. 论生态文明建设与西部扶贫开发的制度对接[J]. 学术论坛 (1): 105-110.
井美娟, 贾宁凤, 姚亚敏, 2012. 区域土地利用生态系统服务价值估算与修正——以山西省河曲县沙坪村为例[J]. 生态环境, 250 (3): 150-152.
康文星, 田大伦, 2001. 湖南省森林公益效能的经济评价[J]. 中南林学院学报, 21 (4): 1-4.
孔德帅, 2017. 区域生态补偿机制研究[D]. 北京: 中国农业大学.
赖亚飞, 朱清科, 张宇清, 等, 2006. 吴起县退耕还林生态效益价值评估[J]. 水土保持学报, 20 (3): 83-87.
李皓, 张克斌, 杨晓晖, 等, 2017. 密云水库流域"稻改旱"生态补偿农户参与意愿分析[J]. 生态学报, 37 (20): 6953-6962.
李蕾, 刘黎明, 张虹波, 等, 2004. 关于退耕还林还草监测评价体系的构想[J]. 中国水土保持, 24 (4): 24-26.
李亮光, 1995. 广西贫困地区生态环境恢复措施及效益分析[J]. 贵州环保科技 (1): 22-27.
李敏, 姚顺波, 2016. 退耕还林工程综合效益评价[J]. 西北农林科技大学学报 (社会科学版), 16 (3): 118-124.

李屹峰，罗玉珠，郑华，等，2013. 青海省三江源自然保护区生态移民补偿标准[J]. 生态学报，33（3）：764-770.

李育才，2009. 中国北方退耕还林工程建设效益评价研究[M]. 北京：蓝天出版社.

柳荻，胡振通，靳乐山，2019. 基于农户受偿意愿的地下水超采区休耕补偿标准研究[J]. 中国人口·资源与环境，29（8）：130-139.

欧阳志云，王桥，郑华，等，2014. 全国生态环境十年变化（2000—2010年）遥感调查评估[J] 中国科学院院刊，(29)4：462-466.

欧阳志云，郑华，岳平，2013. 建立我国生态补偿机制的思路与措施[J]. 生态学报，33（3）：686-692.

皮泓漪，张萌雪，夏建新，2018. 基于农户受偿意愿的退耕还林生态补偿研究[J]. 生态与农村环境学报，34（10）：903-909.

秦聪，贾俊雪，2017. 退耕还林工程：生态恢复与收入增长[J]. 中国软科学（7）：126-138.

桑晓靖，2003. 西部地区生态恢复与重建的生态经济评价[J]. 干旱地区农业研究，21（3）：171-174.

邵传林，何磊，2010. 退耕还林：农户、地方政府与中央政府的博弈关系[J]. 中国人口·资源与环境，20（2）：116-121.

沈友华，徐成文，2018. 我国矿产资源生态补偿立法现状与完善[J]. 中国林业经济，148（1）：44-49.

石建华，喻理飞，孙保平，2015. 退耕还林生态健康研究[J]. 西北林学院学报，30（5）：273-277.

宋福强，李卓卿，肖俞，等，2017. 关于建设项目生态补偿的思考[J]. 环境保护科学，43（3）：57-62.

孙贤斌，黄润，王升堂，等，2012. 安徽省省会经济圈水源地生态补偿环境调查分析[J]. 水土保持研究，19（1）：164-173.

王宾，2017. 中国绿色农业生态补偿政策——理论及研究述评[J]. 生态经济，33（3）：19-23.

王昌海，2017. 中国自然保护区给予周边社区了什么？——基于1998—2014年陕西、四川和甘肃三省农户调查数据[J]. 管理世界（3）：63-75.

王丹，黄季焜，2018. 草原生态保护补助奖励政策对牧户非农就业生计的影响[J]. 资源科学，40（7）：1344-1353.

王德凡，2018. 基于区域生态补偿机制的横向转移支付制度理论与对策研究[J]. 华东经济管理，32（1）：62-68.

王庶，邓泽林，2016. 退耕还林的经济效益研究[J]. 中央财经大学学报（5）：9-16.

魏晓燕，毛旭锋，夏建新，2013. 自然保护区移民生态补偿定量研究——以内蒙古乌拉特国家级自然保护区为例[J]. 林业科学，49（12）：157-163.

杨殊桐，时鹏，李占斌，等，2018. 大理河流域退耕还林工程对生态系统服务功能的影响[J]. 水土保持研究，25（6）：251-258.

杨旭东，2004. 中国西部地区退耕还林工程效益评价及其影响研究［D］. 北京：北京林业大学.

袁红军，曹国璠，晏世强，2009. 退耕还林生态效益评价研究与展望［J］. 现代农业科技（3）238-242.

张林洪，张超，胡德斌，等，2017. 生态保护获益方应给予的补偿分析与计算［J］. 生态经济，33（7）：190-194.

仲娜，2014. 海洋自然保护区生态补偿法律制度研究［D］. 宁波：宁波大学.

周红，张晓珊，缪杰，2005. 贵州省退耕还林工程生态效益监测与评价初探［J］. 绿色中国（3）：48-49.

周少舟，2008. 天然林资源保护工程效益评价［D］. 北京：中国林业科学研究院.

ALLEN C, METTERNICHT G, WIEDMANN T, 2018. Prioritising SDG targets: assessing baselines, gaps and interlinkages［J］. Sustainability Science, 14（2）：421-438.

ARADOTTIR A L, HAGEN D, 2013. Chapter three-ecological restoration: approaches and impacts on vegetation, soils and society［J］. Advances in Agronomy, 120：173-222.

AVIRMED O, BURKE I C, MOBLEY M L, et al., 2014. Natural recovery of soil organic matter in 30-90-year-old abandoned oil and gas wells in sage-brush steppe［J］. Ecosphere, 5（3）：24.

BERGQUIST D A, 2007. sustainability and local people's participation in coastal aquaculture: regional differences and historical experiences in Sri Lanka and Thailand［J］. Marine Policy, 44：107-116.

BOURGEOIS B, VANASSE A, GONZALEZ E, et al., 2016. Threshold dynamics in plant succession after tree planting in agricultural riparian zones［J］. Journal of Applied Ecology, 53（6）：1704-1713.

BOWN N K, GRAY T S, STEAD S M, 2013. Comanagement and adaptive co-management: two modes of governance in a honduran marine protected area［J］. Marine Policy, 39：128-134.

BÖRGER T, 2014. Valuing conservation benefits of an offshore marine protected area［J］. Ecological Economics, 108：229-241.

CLEWELL A F, ARONSON J, 2013. Ecological restoration: principles, values, and structure of an emerging profession［M］. Washington: Island Press: 135-152.

FRANZKE C L E, 2014. Warming trends: nonlinear climate change［J］. Nature Climate Change, 4（6）：423-424.

FU B J, PAN N Q, 2016. Integrated studies of physical geography in China: review and prospects［J］. Journal of Geographical Sciences, 26（7）：771-790.

FU B J, YU D D, LÜ N, 2017. An indicator system for biodiversity and ecosystem services evaluation in China［J］. Acta Ecologica Sinica, 37（2）：341-348.

GOU J J, WANG F, JIN K, et al., 2018. Cooling effect induced by vegetation restoration on the Loess Plateau［J］. Acta Ecologica Sinica, 38（11）：3970-3978.

HAO H G, GOU M M, ZHANG H Y, et al., 2018.Assessing ecological compensation policies based on ecosystem services and human wellbeing: a review of recent progress [J]. Acta Ecologica Sinica, 38 (19): 6810-6817.

HE G M, CHEN X D, LIU W, et al., 2008. Distribution of economic benefits from ecotourism a case study of wolong nature reserve for giant padas in China[J]. Environmental Management, 42: 1017-1025.

HOSSEININIA H, AZADI G, ZARAFSHANIE K, et al., 2013. Sustainable rangeland management: pastoralists' attitudes toward integrated rrograms in Iran[J]. Journal of Arid Environments, 92: 26-33.

JEAN N, BURKE M, XIE M, et al., 2016.Combining satelliteimagery and machine learning to predict poverty[J]. Science, 353 (6301): 790-794.

KALHORO S A, XU X X, CHEN W Y, et al., 2017.Effects of different land-use systems on soil aggregates: a case study of the Loess Plateau (Northern China) [J]. Sustainability, 9 (8): 1349.

KATHLEEN A, THORNTON P K, DE PINHO J R, et al., 2006. Integrated modeling and its potential for resolving conflicts between conservation and people in the rangelands of East Africa[J]. Human Ecology, 34: 155-183.

KELLEY H, VAN RENSBURG T M, YADAV L, 2013.A micro-simulation evaluation of the effectiveness of an Irish grass roots agri-environmental scheme[J]. Land Use Policy, 31: 182-195.

KEPFER R S, SCHMIDT I K, RANSIJN J, et al., 2014.Distance to seed sources and land-use history affect forest development over a long-term heathland to forest succession [J]. Journal of Vegetation Science, 25 (6): 1493-1503.

KRISHNA V V, 2013. Estimating compensation payments for on-farm conservation of Agricultural Biodiversity in Developing Countries[J]. Ecological Economics, 87: 110-123.

LIMCHAROENSUK T, SOOKSAWAT N, SUMARNROTE A, et al., 2015.Bioaccumulation and biosorption of Cd^{2+} and Zn^{2+} by bacteria isolated from a zinc mine in Thailand[J]. Ecotoxicology and Environmental Safety, 122: 322-330.

MUBOKO N, MURINDAGOMO F, 2014. Wildlife control, access and utilisation: lessons from legislation, policy evolution and implementation in Zimbabwe[J]. Journal for Nature Conservation, 22: 206-211.

RASMUSSEN L V, MERTZ O, CHRISTENSEN A E, et al., 2016. A combination of methods needed to assess the actual use of provisioning ecosystem services[J]. Ecosystem Services, 17: 75-86.

SARKKI S, KARJALAINEN T P, 2015.Ecosystem service valuation in a governance debate: practitioners'strategic argumentation on forestry in northern Finland[J]. Ecosystem Services, 16: 13-22.

SHENG W P, ZHEN L, XIAO Y, 2019.Distinct eco-compensation standards for ecological forests in Beijing[J]. Acta Ecologica Sinica, 39 (1): 45-52.

SHUKLA S R, SINCLAIR A J, 2010. Strategies for self-organization: learning from a village-level community based conservation initiative in India[J]. Human Ecology, 38: 205-215.

SPITERI A, NEPAL S K, 2008. Evaluating Local Benefits from Conservation in Nepal's Annapurna Conservation Area[J]. Environmental Management, 42: 391-401.

TSOURGIANNIS L, KAZANA V, IAKOVOGLOU V, 2015.Exploring the potential behavior of consumers towards transgenic forest products: the Greek experience in Forest[J]. i Forest Biogeosciences & Forestry 8 (5): 707-713.

WECKERLE C S, YANG Y, HUBER F K, et al., 2010. People, money and protected areas: the collection of the caterpillar mushroom ophiocordyceps sinensis in the Baima Xueshan Nature Reserve, Southwest China[J]. Biodiversity and Conservation, 19: 2685-2698.

WEI X, ZHOU L H, HAN Z X, et al., 2020.Comparative study on domestic and foreign benefits evaluation of China's ecological engineering programs in ecologically vulnerable areas[J]. Acta Ecologica Sinica, 40 (1): 1-8.

WUNDER S, 2015.Revisiting the concept of payments for environmental services[J]. Ecological Economics, 117: 234-243.

XU J Y, KONG M, LIU X X, et al., 2017.The effect of livelihood capital on the willingness of farmers to re-enroll in the grain for green program: a case study in wolong nature reserve[J]. Acta Ecologica Sinica, 37 (18): 6205-6215.

ZHANG Q, MA L, ZHANG Z H, et al., 2019.Ecological restoration of degraded grassland in Qinghai-Tibet alpine region: Degradation status, restoration measures, effects and prospects[J]. Acta Ecologica Sinica, 39 (20): 7441-7451.